投資の航海図

少額から始めて
資産も知識も増える！

青木博史

すばる舎

はじめに

この本は、**使ってもなくならない「お金の泉」をつくり、将来に備えるための本です。**

「老後2000万円問題」に代表されるように、誰もが自分の手で資産形成することを求められる時代がやってきました。

そんな先行きが不安な人生において、あなたが安心して老後を過ごせるばかりか、お金持ちと同じような経済的、時間的余裕を手に入れるために必要なことを記したのが本書です。

「自分のような高給取りでもない人間に、そんなことができるのだろうか？」と思われるかもしれません。

ところが、できるのです。

大企業に勤めていなくても、専門職でなくても、また特別な投資の才能や知識がなくても、安心して老後を迎えられる資産づくりの方法が存在します。

この本ではじっくりと順番を追って、その方法についてご説明していきます。

お金に関する不安の原因は、「お金のことがよくわからない」にある

ここで少し、私自身についてお話をさせてください。

私は現在「ウェルス・スプリング・クラブ（WSC）」という、お金の泉のつくり方を教えるオンラインスクールを主宰しています。

おかげさまで「わかりやすい」「お金の不安がなくなった」とご好評をいただいているのですが、**スクール生の方々のお話を聞くにつけ「世の中の大多数の人が漠然とした不安を持っている」と痛感するようになりました。**

子どものころから「将来、お金持ちになる」と決めていた私は、1990年代の終わりに投資の世界に足を踏み入れました。

ネット証券が誕生する少し前だったので、新聞から株価を知る時代です。

書店に株式投資の本もほとんどなく、自分で紙にチャートを書いて株価の上がり下がりを予測するなど、自己流で勉強を続けました。

徹底的に投資と真剣に向き合った結果、「成功した」と言えるレベルまで資産を増やすことができ、現在は日本でも有数の高級住宅地と呼ばれる兵庫県芦屋市に住んでいます。

オンラインスクールを始めたきっかけは、妻の友人に「お金のことが全然わからないので教えてほしい」と相談を受けたことでした。

初心者にわかりやすく説明してくれると評判になり、自然にお金について教えることが増えていき、現在に至ります。

お金に対する不安は、どの年代の人も共通して存在します。

高齢者は高齢者で「年金が少ない」と嘆き、現役世代は「給与が思うように上がらない」と言い、若い人たちは「日本ってオワコンじゃね？」と思っています。

それも無理のないことかもしれません。今、70歳以下の人たちは、自分たちより上の世代が年金だけで生活できたのに、なぜ自分の世代は……と思い、40代より下の人たちは、社会に出たときから日本経済の低迷を見ており、若い人たちはもの心ついたときに日本はすでに不況だったからです。

でも実は「お金の不安」の要因は、そうした外的な要因だけに存在するわけではありません。

本当の不安の原因は、むしろ一人ひとりの中にあるのです。

それは**「お金についてよくわかっていない」**という一点に集約されます。

この本は「興味はあるがお金についてよくわかっていない」人に、実際にどうすれば将来的に安心できる資産がつくれるのか、わかりやすくご説明していきます。最後まで読んでいただけたらきっと、「なるほど。こうすればそれが可能になるのか」と納得されること間違いなしです。

何億円もの資産をつくるのは難しいかもしれませんが、よく言われている「老後2000万円不足」を補うくらいの財産は十分に用意できます。

投資が難しいのは、売買のタイミングを的確に判断する必要があるからです。

でも**この本で紹介する投資法なら、タイミングを考える必要はありません。初心者でも、資金があまり多くない人でも、少額から始めることができる「王道の投資法」です。**

一度買付の設定をしてしまえば、手間もかかりません。あとは時間が強力な味方となって、自動的に資産を増やしてくれます。5年よりも10年、10年よりも20年と投資期間を長くとるほど投資効果がググっとアップする投資法です。

ですから**なるべく早く始めてください。**

投資はあなたの可能性を広げてくれます。

思い立った「今」が投資の始めどきなのです。

お金が生まれ続ける「お金の泉」をつくろう

この本でご提案するのは、お金がさらなるお金を生み出す「お金の泉」をつくる方法です。

老後に向けて、取り崩すためのお金を貯めていきましょう、というのではなく、お金が湧いてくる「お金の泉をつくりましょう」というのが主旨です。

お金を使ってもなくならない、ってすごいと思いませんか?

何より経済面での安心感が全然違うはずです。

お金の泉をつくっていくと、お金に対する見方や考え方が変わり、お金の扱い方が上手になっていきます。

自己管理ができるようになり、自分の中に一本、ゆるぎない芯が通った感じになります。

「すべての道は自己管理に通ず」と言ってもいいくらい、自己管理ができるというのは重要なことです。周囲の人からの信頼度が増し、仕事の成果にもつながっていくことでしょう。

あなたがお金の泉をつくり始めると、未来の経済状態を予測できるようになっていくので、あなたの意識が変わっていきます。

そして、親が資産運用をしていると子どももそれが当たり前になり、お金の扱い方が上手になります。

学校でも「お金の教育」を小学生から教えているほど、これからの日本人にとって「お金の扱い方」の重要度は上がっています。

お金を上手に扱うことで、将来お金に苦労することがなくなるので、私は子どもの資産運用（お金の泉づくり）は18歳くらいから始めるといいと思っています。

特に若い世代の人たちにとって、お金の泉づくりはとても貴重です。

先ほどお話ししたように、投資には時間が強い味方になってくれるからです。

人生の早い段階で、お金について正しく知ることは、その人の一生を支える大きな柱となるでしょう。

「お金の泉」を手にするための航海へ！

最初は不安を抱えながらの船出になる方もいらっしゃるかもしれません。

でも大丈夫、きっと本書があなたをお金の泉に導く指針になってくれます。

最低限、とりあえずこれだけやればＯＫという内容を凝縮しました。

お金の泉までの航路をハッキリと示してありますので、迷う必要も、荒波を越える必要もありません。

もしあなたが航海の途中で少し冒険したくなったときにも、役立つ内容を網羅しています。

長い人生の間、ずっとあなたを支えてくれる航海図になるでしょう。

ぜひこの機会に自分の手でお金をつくり出す方法を知り、お金の不安のない人生の第一歩を踏み出してください。

第3章 投資がうまくいく人の、投資マインドとは？

マネーリテラシーを最短で身につける思考法

第4章 NISA口座を開設して長期投資を始めよう

今すぐ積立を始めたくなる、NISAの授業

第5章 あなたにピッタリな投資プランの立て方

「アセット・アロケーション」と「リバランス」で一生お金が増え続ける！

編集協力　堀容優子
ブックデザイン　ニマユマ
DTP　有限会社クリィーク
編集　大原和夏（すばる舎）

第1章

どうして投資が必要なの？

01 お金を預金だけで持つリスク①

銀行預金だけでは手遅れになる

預金安全神話は過去のもの

「投資＝危険なものというイメージがある」
「お金は銀行に入れておくのが安心安全」

世の中にはまだまだ、こう考えてしまう人が多いようです。

その理由はズバリ「預金安全神話」にあると私は考えています。銀行預金は元本が保証されるので安全、それに引き換え株式や投資信託への投資は元本割れする可能性があるから危険、という図式がしっかり頭の中にできあがってしまっているのですね。

確かに元本保証があるかないかという一点に絞った場合、元本保証の銀行預金のほうが安全ではあります。

では金融機関が破綻した場合はどうでしょうか？銀行と証券会社、どちらが「安全」だと思いますか？

答えは「証券会社」です。

銀行が破綻したらどうなる？

銀行は破綻した場合「預金保険制度」により、保険金という形で預金者に対して元本と利息が直接支払われます。この制度を「ペイオフ」といいます。

しかしこのペイオフ制度、預金者に支払われる金額には**1人あたり1銀行ごと1000万円までの元本と、その利息のみという上限が設けられています。**

たとえあなたがコツコツお金を貯めるのが得意

〈預金保険制度のしくみ〉

出典：「(1)預金保険制度の仕組み」(預金保険機構)を基に作成

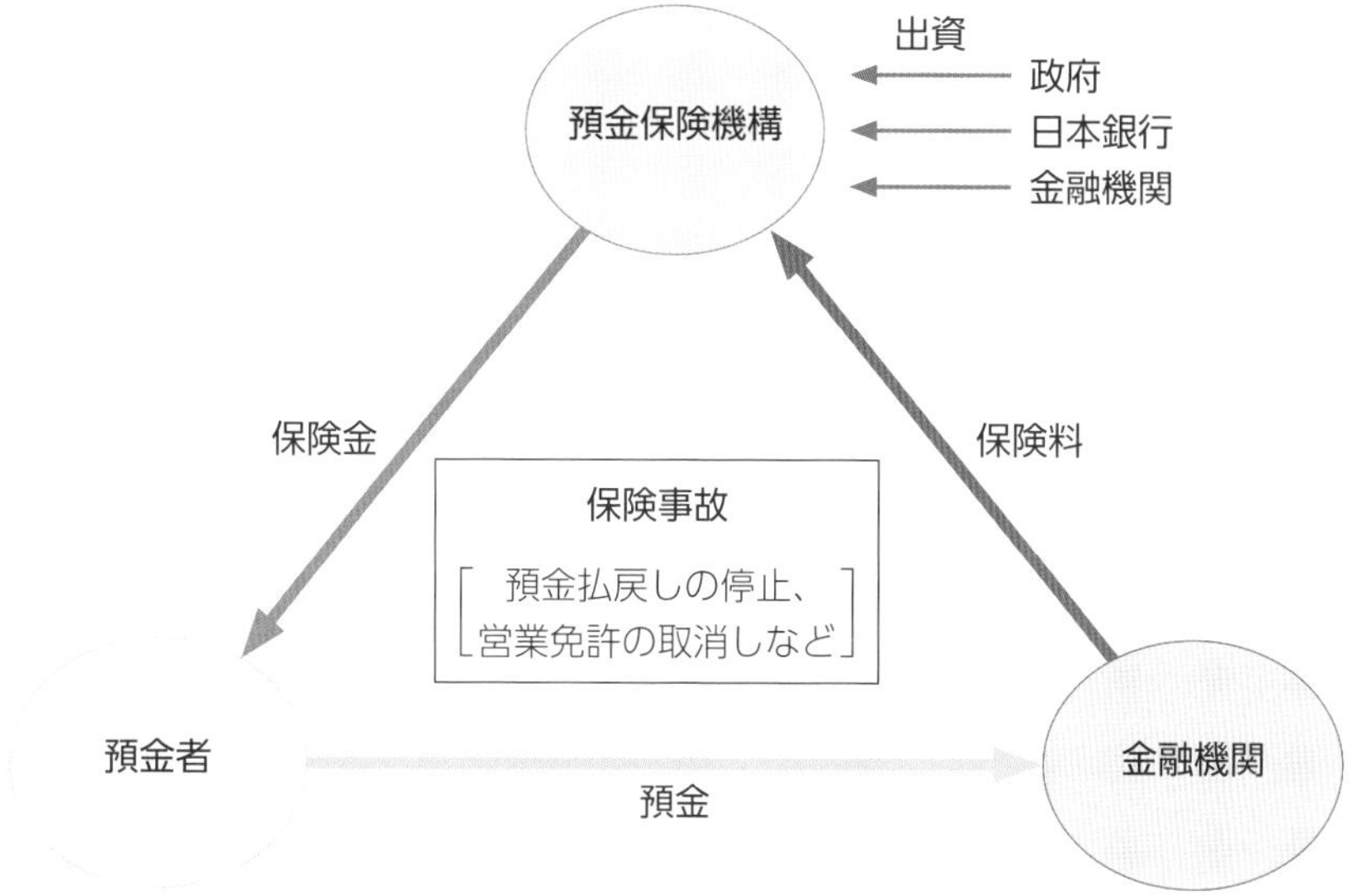

〈証券会社の「分別管理」〉

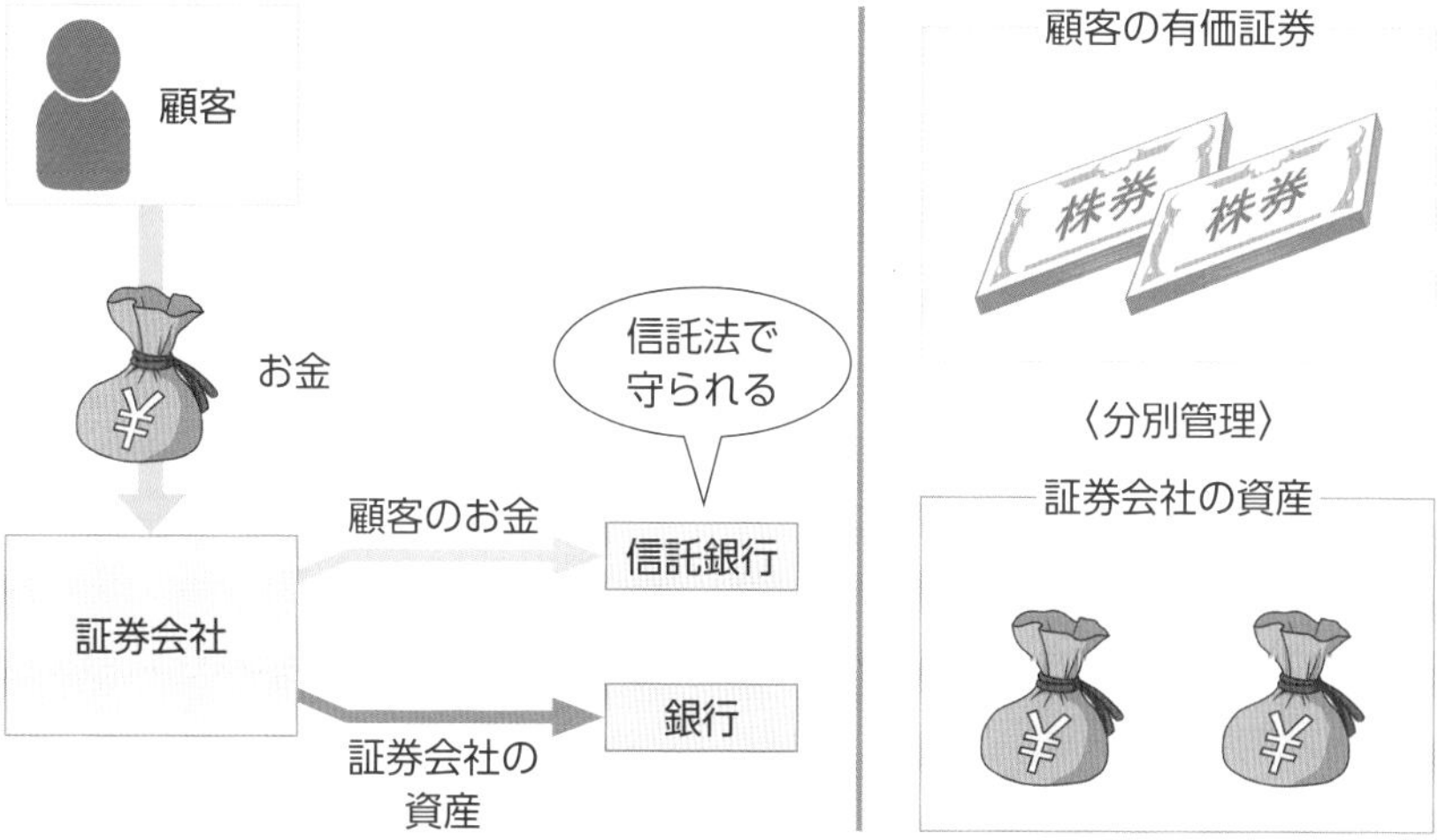

まとめ 証券会社に預けた資産は、すべて保護される！

で、3000万円といった大金をひとつの銀行に預けているとしましょう。

もしも運悪くその銀行が破綻してペイオフが発動された場合、あなたの手元に戻ってくるのは「1000万円+利息」のみ、ということになってしまうのです。

一方、**証券会社が破綻した場合、投資信託、株式、債券……これら全額が保護され、返還してもらうことができます。**なぜなら、証券会社が持つ資産と、顧客が預けた資産をすべて分別管理することが、法律で義務付けられているからです。

あなたはこれを知っても、「銀行預金が安全安心」と言い切れますか?

銀行預金では、もったいない

とはいえ銀行にお金を預けるのは安心ではありますが、銀行の金利は低いので、お金を増やしたい私からすると**使う予定のないお金を銀行に貯金しておくのはもったいない**と思ってしまいます。

お金は適切に運用すれば増えていくものです。

そして、運用する金額が多くなれば多くなるほど増えるお金は大きくなります。

NISA(ニーサ)で人気の投資信託では年利5~7%で計算するのが一般的ですから、"7%"を例にお話しします。

運用額が10万円の場合1年後の利益は7000円ですが、運用額がその100倍の1000万円の場合、1年後に70万円の利益がでることになります。

このように運用金額が大きくなるほど増えるお金も大きくなっていくというわけです。

お金の適切な運用方法については、後ほどお話ししますが、お金は長期にわたって運用することで、持っている本来の価値を発揮することができます。

「今、銀行口座にお金を眠らせておくのはもったいない」ということに、たくさんの日本人が気づきはじめています。

02

お金は適切な場所で適切に運用してこそ価値を発揮する

本当にお金が大事なら、大きく育ててあげよう

減らしたくない＝大事にしていない

私たち人間にも、なかなか能力が発揮できない環境と、存分に発揮できる環境がありますよね？

お金もそれと同じです。しっかりと**ふさわしい環境を与えてあげれば、どんどん能力を発揮してくれます。**

その適切な場所が投資の世界、資産運用です。

資産運用で適度なストレスや負荷をかけることでお金の能力が磨かれ、急カーブを描いて増えていってくれるのです。

「お金が大事だから減らしたくない」という理由で投資をしない人がいますが、いやいや、それ**本当の意味でお金を大事にしていない**のでは？　と私は思ってしまいます。

大事だからこそ、大きく育てよう

これもまた人間と同じです。大事だから、安心安全だからという理由で、子どもを家に閉じ込めておく親はいませんよね？　ふさわしい教育を受けさせたり、習い事に通わせたいと思うでしょう？　本当にお金が大事なら、大きく育ててあげましょう。**とはいえ、全額を投資に回しましょうということではありません。**現金（預金）として持っておくお金と投資に回すお金を分けて、後者のお金を時間をかけて大きくしていきましょうというお話です。

03 お金を預金だけで持つリスク②

インフレ時に預金の額は目減りする

お金を預金だけで持っていることのリスクは、もうひとつあります。インフレになったときに対応できないということです。

従来のお金の価値が通用しない

インフレとは、一定期間にわたって商品やサービスの価格が上昇することをいいます。

インフレのわかりやすい要因は、ある商品やサービスが人気になりそれを求める人が多くなる場合や、気候などの原因で供給量が減り、商品やサービスを求める人の数を満たせないパターンです。

需要より供給される量が少ない状態になることで、物価上昇が起こるというわけです。

そして、**物価上昇は「お金の価値が下がってしまう」ことを意味します。**

たとえばインフレ前には1個100円で買うことができたりんごが、値上がりして200円になったとしましょう。

これはりんごの価格が上がっただけとも言えますが、従来の「100円」の価値が通用しなくなり、お金の価値が下がったとも言えるのです。

供給が減ることでもインフレは起こる

2022年2月に始まったロシアのウクライナ侵攻以来、ヨーロッパへの天然ガスの供給をロシアが止めたため、エネルギー価格が高騰しました。

〈インフレによってお金の価値は下がる！〉

出典：「インフレって？お金の価値が下がるとは？」（ON COMPASS）

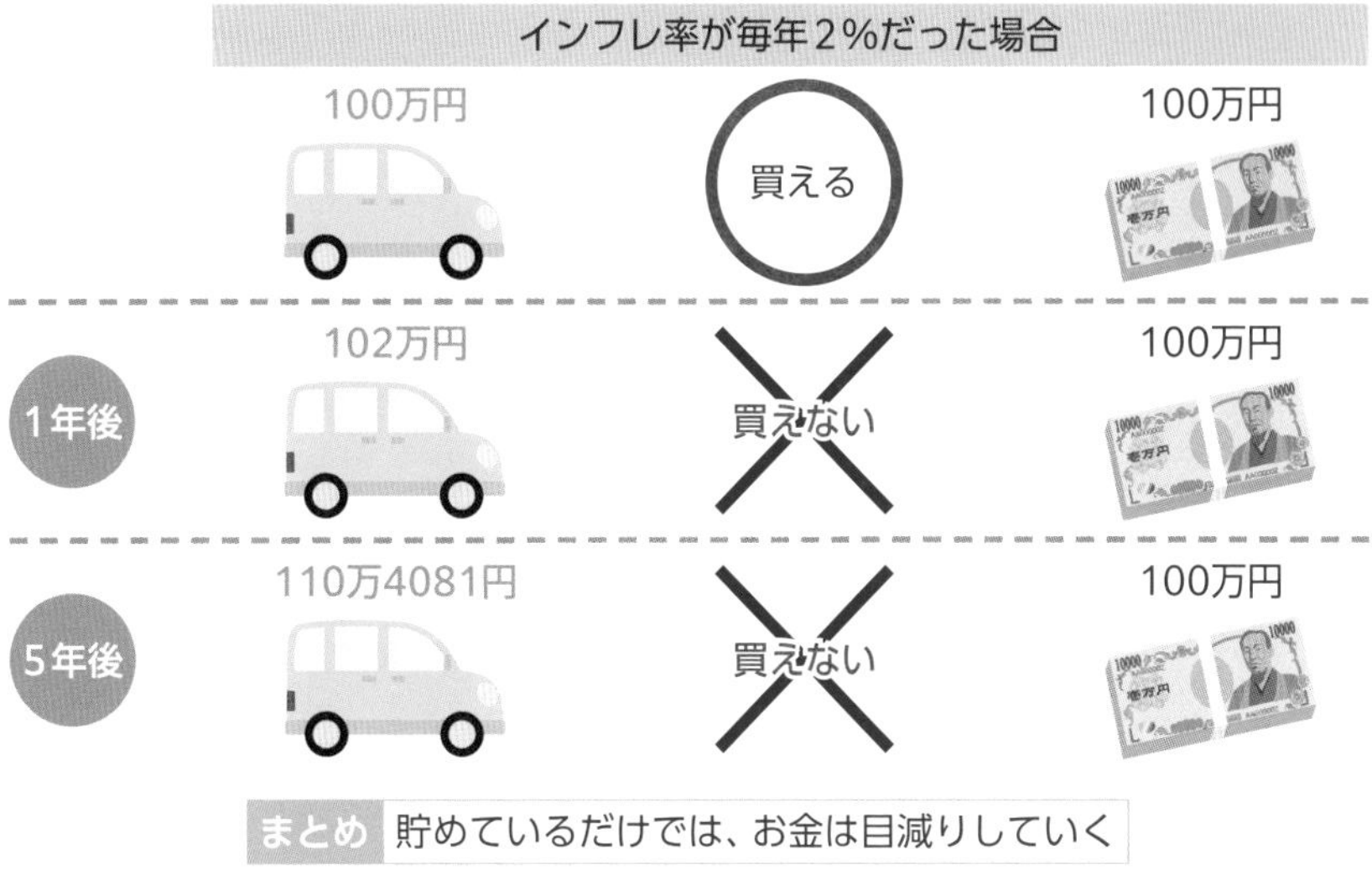

また、ウクライナの小麦が輸出できなくなったことでも小麦価格が高騰しました。

加えて、これまであまり豊かでなかった国が経済発展し、コーヒーやチョコレートなどの嗜好品を求めるようになったことも影響しています。

日本はインフレ時代に突入？

ロシアのウクライナ侵攻以降からの世界的なインフレは、バブル崩壊以降、モノの値段が下がるデフレが続いていた日本人にとって、初めての経験ではないでしょうか？

よく老後資金として2000万円を準備することが必要と言われますが、今の2000万円は20年・30年先にはどれくらいの価値になるのか……それは誰にもわかりません。

ただひとつ言えることは**「インフレ時代が続けばお金は今と同じ価値は持たない」**ということです。

04

老後2000万円問題ってなに？

年金制度は限界を迎えつつある

国が白旗を上げているという事実

さて、投資を語るときに欠かせないのが「老後資金2000万円問題」です。

ことの発端は2019年6月にさかのぼります。

金融庁が**「公的年金だけでは老後資金が2000万円不足する」**と発表したのです。

2000万円という金額はお金のある人にとっては大した金額ではないかもしれませんが、一般の人にとっては大きなお金です。少なくとも一朝一夕につくれるものではありません。

お金についてあまり考えてこなかった人ならドキッとして不安になりますよね。

少子化対策に期待できない理由

我々の祖父母は年金だけで暮らせていたのに、どうしてこんなことになってしまったのでしょうか。

理由は「少子高齢化が予想以上のスピードで進んだから」です。

年金は「若い時に積み立てたお金を老後にもらうもの」と勘違いしている人が多いですが、そうではありません。

年金制度は現役世代の払う年金保険料が高齢者の年金に充てられる「世代間扶養」のしくみになっています。つまり若い人の支払う保険料が高齢者の年金に充てられているのです。

〈年金額の上昇に期待できない理由〉

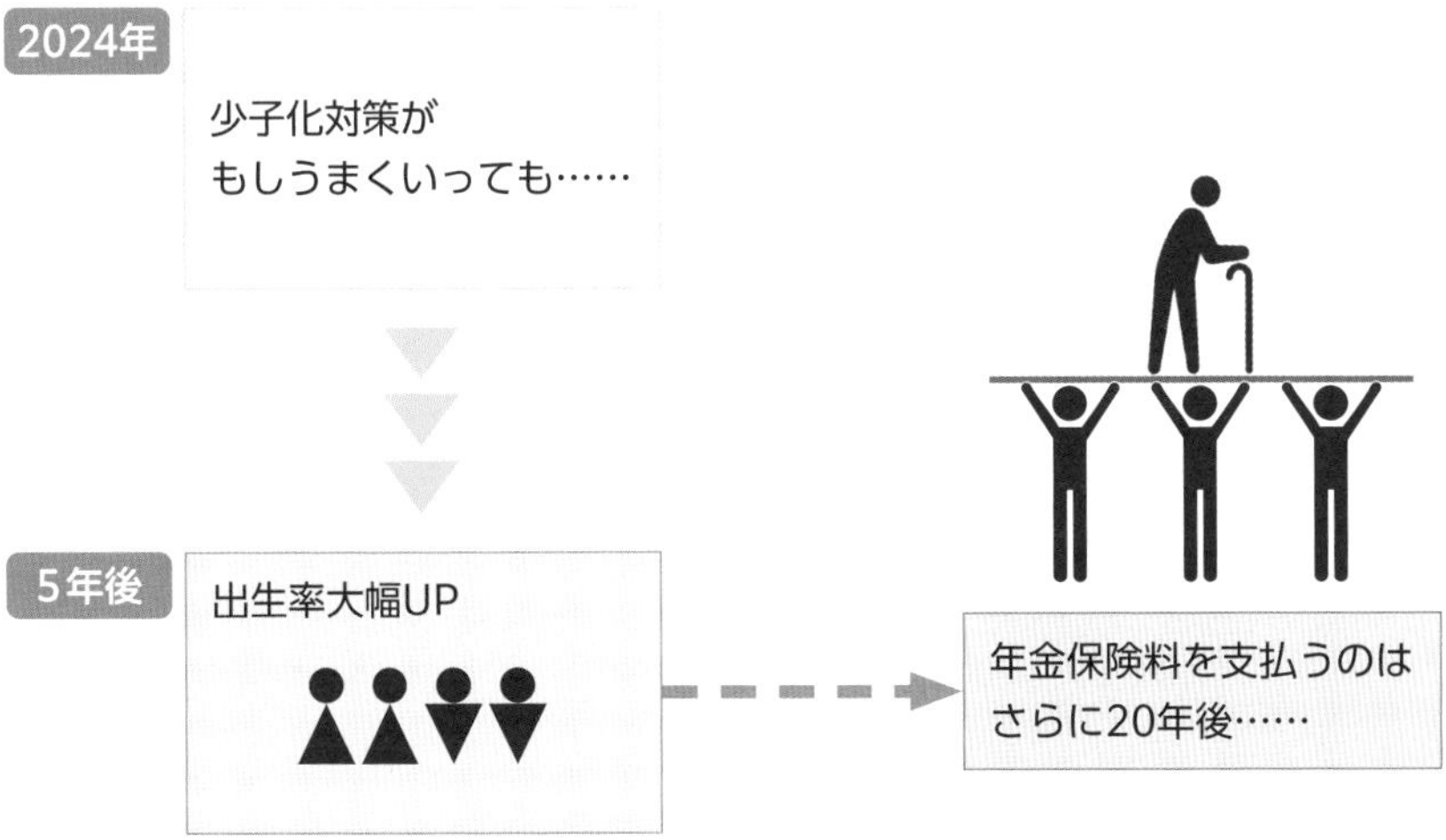
2024年
少子化対策が
もしうまくいっても……
5年後
出生率大幅UP
年金保険料を支払うのは
さらに20年後……

まとめ　少子化対策や年金制度改革に期待せず、お金や投資について学ぼう

日本は世界有数の長寿国ですが、一方で生まれてくる子どもの数は減り続けています。

これが年金制度に与えた影響は甚大でした。

１９８０年には７・７人の現役世代で１人の高齢者を支えれば済んでいたのに、現役世代が減少して高齢者が増えたことから、２０２０年には２・２人で１人を支えることに。

２０５０年には支える現役世代の数が１・５人まで減るという試算結果が出ています。

政府も少子化対策に力を入れていますが、そうすぐに効果は出ないでしょう。

だって今年生まれた子どもが保険料を支払うようになるのは20年後と決まっているわけですから、これはもう動かしようがありません。

仮に少子化対策の効果が出たとしても、それが年金額の上昇に結びつくのは30年40年先のことになります。

05 退職金の減少と終身雇用の終焉

年金のみならず老後資金は不足の一途に

そもそも支給されない会社も多い

年金と並んで、長年日本人にとって老後資金の柱となってきたのが退職金ですが、こちらの額も2003年以降**減少が続いています**。

以前は長く勤めてさえいればある程度大きな金額の退職金を受け取ることができましたが、最近は勤続年数よりも、どれだけ仕事で成果を上げたかで退職金の額を決める企業が増えてきました。

もっとも、世の中には退職金のない会社がたくさんあります。大手企業しか知らない人は驚くかもしれませんが、そもそも**退職金は法律上賃金ではないため、払うも払わないも会社の自由**なのです。

大手ですら終身雇用を維持できない？

退職金についてはもうひとつ、決して切り離すことができない重要な要素があります。それは日本型雇用と呼ばれる終身雇用です。

終身雇用とはその名の通り「一生涯の雇用」のこと。

今でこそ、政府は「人材の流動性を高める」などと言っていますが、少なくとも平成中期ごろまでは、新卒で入った会社に定年まで勤め続けることをよしとする風潮がありました。

最初に入った会社に定年まで勤めることを前提にしているから、高額な退職金がもらえたのです。

〈25年の間に退職金は1000万円も減っている〉

出典：厚生労働省「就労条件総合調査」＞「退職給付（一時金・年金）の支給実態」を基に作成

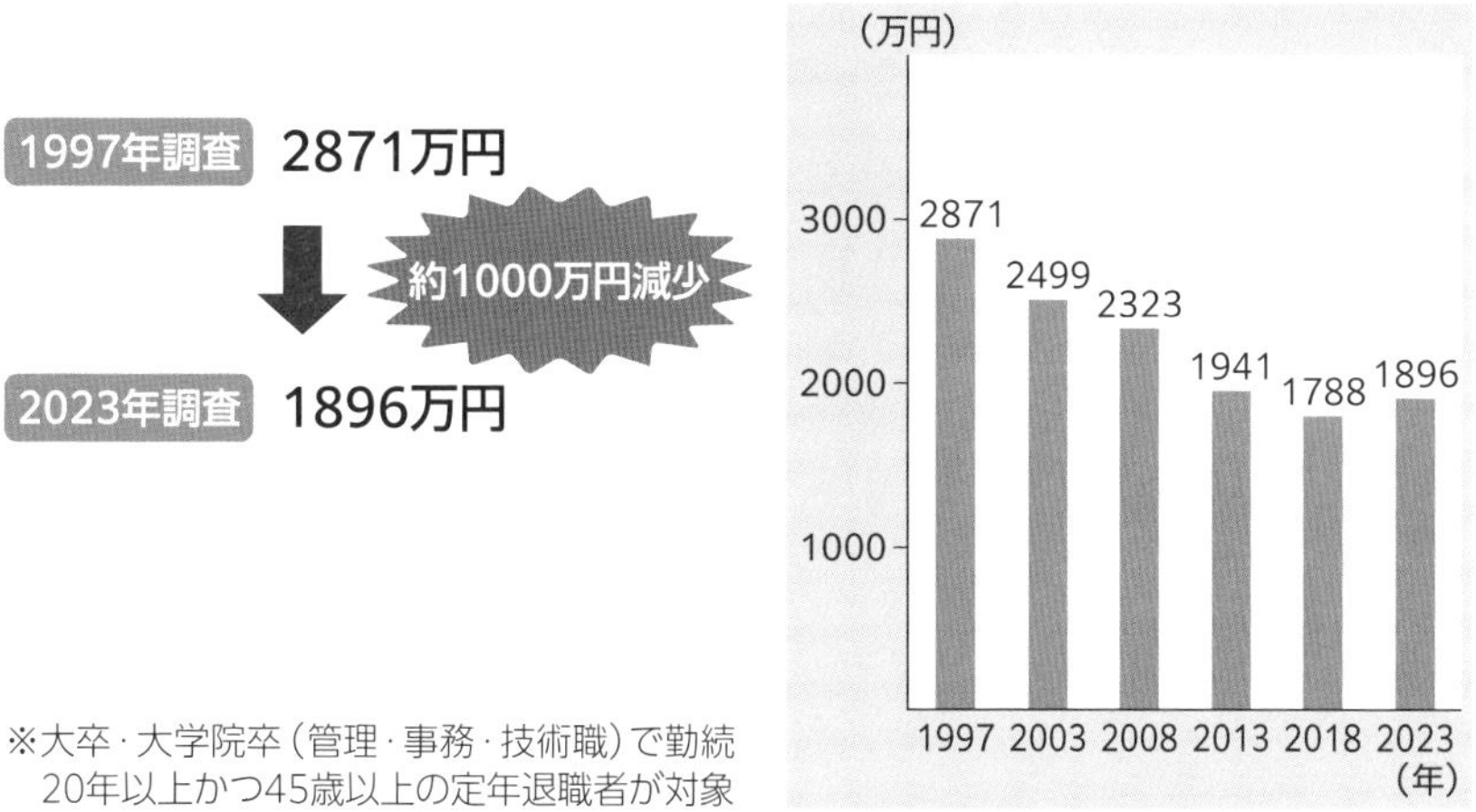

まとめ 定年まで勤め上げれば大丈夫、ではなくなっている！

ところが今、まさにその**終身雇用制度が揺らいでいます。**

最もインパクトが大きかったのは、２０１９年５月に当時のトヨタ自動車社長・豊田章男氏による「終身雇用を守っていくのは難しい局面に入ってきた」という発言です。

実のところ、この発言には「政府が終身雇用を守っている会社に何らかのインセンティブをもたらしてくれないと」という枕詞があったのですが、そこが切り取られて「トヨタですら終身雇用を維持できないとは！」と解釈されたといういきさつがあります。

その少し前に当時の経団連会長・中西宏明氏が、「企業は従業員を一生雇い続ける保証書を持っているわけではない」と発言したこともあり、「もう会社は終身雇用で社員を守ってくれないんだ」という認識が広がりました。

06

投資商品はインフレに強い！

NISAで老後の心配が消える「お金の泉」をつくろう！

投資を始めない理由がない状況

先述した年金問題などを背景に、政府は後ほどご説明する個人向けNISA（少額投資非課税制度）を拡充しました。

これはつまり「国民が投資に充てたお金の一定額までを非課税にしてあげるよ。だから公的年金や退職金をアテにしないで済むよう、自分で投資をして老後資金をつくってね」という政府からのメッセージです。

つまり、**もはや投資をしないという選択肢はない**のです！

年金も退職金も、それ以前に終身雇用もアテにはできません。インフレ時にはお金の価値が下がってしまいます。

この本でお金の教養を学び、NISAを使って将来の不安がなくなる「お金の泉」をつくっていきましょう。

戦後のインフレ期に起こったこと

日本が最大のインフレに見舞われたのは、太平洋戦争が終わった後です。

1946年、激しいインフレに対応する策として、従来の紙幣流通を止め、新たな紙幣（新円）を発行する「新円切替」が実施されました。

このとき銀行預金の引き出しに制限をかける「預

〈インフレ下で起こること〉

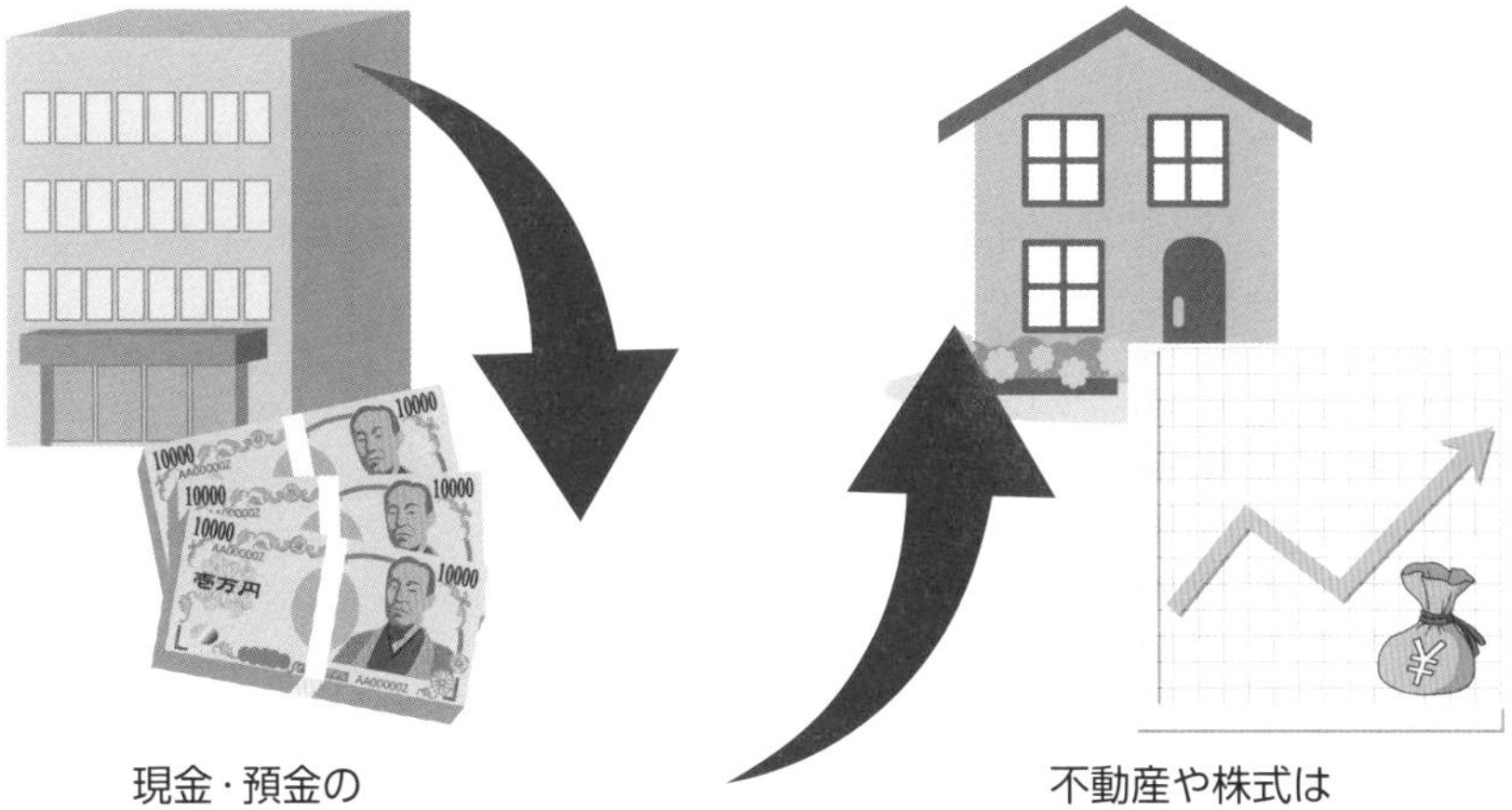

現金・預金の
価値が下がる

不動産や株式は
値上がりする

まとめ 投資の対象になるものの価値が上がると、相対的に現金の価値が下がる

金封鎖」を併せて実施して、それまで流通していた紙幣価値をないものにして国民のお金を没収したのです。

一番損をしたのは銀行にたくさんお金を預け入れていた人たちです。

ところが世の中には賢い人たちもいました。

戦後の混乱の中で「これからハイパーインフレが来る！」と時代の流れを読み、預金封鎖の前に銀行からお金を引き出し、株式や不動産などに投資をした人たちです。

インフレになると現金の価値は下がりますが、**株式や不動産など投資の対象となるようなものは値上がりしていきます。**

これにより投資をした人は大儲けをして財を成したのです！

状況は違えど、今の日本もインフレが進んでいることに違いはありません。損をするのはやはり、銀行にお金を預けている人たちなのです。

これからの時代、投資は欠かせない

いきなり投資をしなさいと言われても、どうしていいかわからないという人も多いことでしょう。

まして2000万円だなんて、そんな大金つくれるの？　と思ってしまうかもしれません。

でも大丈夫です！

結論から言うと、**2000万円くらいの資金であれば、確実につくれます。**

40代以上の方は少し工夫が必要ですが、充分間に合います。

それを可能にするのが、第2章以降でお伝えしていく「お金の泉づくり」になります。

そして、この本でお金持ちのお金の扱い方も学び、お金の不安がない状態になっていきましょう！

第2章ではみなさんの投資マインドを育てるために最低限必要な、お金の世界のことについてお話ししていきたいと思います。

column 1

時給で働き続けるうちは、お金持ちになれない？

お金を得る方法は大別すると2つに分かれます。

「自分が労働で稼ぐ」または「お金に働いてもらう」の2つです。

お金持ちの人は後者の「お金に働いてもらう」ことの重要性をよく理解しています。というか、このことをよくわかっているから「お金がお金を生み出す仕組み」をつくりお金持ちになったのですね。

特に日本に生まれ育った人は「働くこと=組織に所属してお給料をもらうこと」と思っている人が圧倒的多数ですから、なかなか「お金に働いてもらう」という方向に頭を切り替えることができないようです。

でも、そこをあえて切り替えていきましょう。

この本ではそのことをしつこいくらい何度もお伝えしていくつもりです。

お金は会社からもらうだけではなく、自分自身で生み出すこともできます。

まずはこの点をしっかり押さえておきましょう。

「お金持ちになりたい」と思っていた子ども時代

ここで少し私自身の話をさせてください。

私は子どものころから「大人になったらお金持ちになりたい」と思っていました。

物心ついたときからだったので、生まれつきのお金好きなのだと思います。

母方の祖父が、土地を買い集めて不動産で成功した人だったので、もしかしたらその血が流れているからかもしれません。

子どものころから「どうしたらお金持ちになれるか」を考え続けていました。

お年玉やお小遣いが貯まっていくのがうれしくて、よく母に「本当にお金が好きなのね」と呆れられていました。

ちなみに母から「手元にお金を置いておくよりも、郵便局に預けると『利子』がつくのでお金が増える」とか「元金に利子がつくだけの『単利』より、元本に利子が含まれて増えていく『複利』のほうが得よ」と教わり、貯めたお金を複利運用の定額貯金に預け入れるようになりました。

複利を知っている小学生ですよ。笑えますね。

あるとき、銀座の一等地が過去最高値をつけたというのをニュースで知り、母に「毎月、銀座の土地を少しずつ買うにはどうしたらいいの?」と尋ねたことがありました。

今から銀座の土地を買い続けていったら、大人になるころには日本で一番地価が高い土地の一部を持っていることになるんじゃないかと思ったのです。

将来銀座の土地はさらに値上がりしているだろうから、売れば大金を手にできるぞ、と。

ところが母の返事は「土地はちょっとずつ買うことはできないの」という無情さわまりないものでした。

母相手に「何で欲しいのに買えないんだよ。少しずつでも売ってくれたらいいじゃんか」と駄々をこねましたが、これぱかりはどうにもなりません。

我ながら妙なことを思いつく子どもだったと思います。

そんな私もやがて大学生になりました。バイトし放題の身の上になることができたので、早速24時間休まず働いたらいくらになるか、お金の計算をしてみました。

まだ時給が安い時代でしたが、仮に1000円として計算してみましょう。

1000円×24時間×365日＝876万円

えー、寝ないで24時間ずっと働き続けてもたったの876万円？ と思いませんか？

私は思いました。

「時給で働き続けているうちはお金持ちにはなれない」というのが18歳の私が出した結論です。

第2章

お金の世界、投資の世界を知ろう

07 お金には3つの機能がある

知っておくべきお金の全体像

本書で最も重要な「運用」機能

私はお金には「交換」「保管」「運用」の3つの機能があると考えています。

まず「交換」について。これは日ごろから誰もがしていることなので、一番わかりやすいと思います。お金には、欲しいモノやサービスに交換できる機能があります。

次に「保管」ですが、これは「貯蔵機能」とも言い換えることができます。つまり蓄えておける機能ですね。

お金の価値は日々変動しますが、お金は他のものとは異なり、お金そのものが腐ったり老朽化したりすることはありません。

最後の「運用」ですが、これがまさにこの本のテーマです。

お金は交換、保管するだけでなく、運用することで増える可能性を持っています。

つまりお金には「お金を生む」機能があるということです。

お金を投資することで、新たなお金を生み増やしていくことができるのです。この機能を知っているといないとでは大違いです。

お金の運用という機能に着目し、大きく育てていきたいものです。

08

お金の世界には「左側の世界」と「右側の世界」がある

2つの世界では、お金の使い方が違う

次にお金を別の角度から見ていきましょう。

私はお金の世界には**「左側の世界」**と**「右側の世界」**があり、お金を扱うときには「このお金はどちらの世界で使うのか」を考え使います。

この2つの世界ではお金の使い方が違います。

そしてお金を使う目的も違います。

消費のためにお金を使う「日常脳」

「左側の世界」でのお金の使い方は、わかりやすく言うと日常生活でのお金の使い方です。お金を欲しいモノやサービスと交換したり、もしものために貯金するという使い方をするのが左側の世界です。

この世界では、お金は消費するために使うという考え方をします。

ですから、貯金するにしてもそれは将来何かで消費するための行動です。消費するためにお金を使おうとする考えを私は「日常脳」と呼んでいます。

増やすためにお金を使う「投資脳」

「右側の世界」でのお金の使い方は投資や資産運用でのお金の使い方です。

この世界では、**お金は増やすために使う**という考え方をするので、貯金をするにしてもそれは投資や運用に回すための行動になります。

お金を消費して無くしてしまうお金の使い方は一切しません。

このようにお金を増やすために使おうとする考えを私は「投資脳」と呼んでいます。
投資脳はお金を増やすことしか考えていません。

人生を楽しむためにお金を使うのは良いことなので、日常生活を送っているときには「日常脳」でいいのです。

でも、**投資をするときにはＴＶのチャンネルを切り替えるように投資脳にスイッチしなければなりません。**

多くの人が「日常脳」で投資している

ほとんどの人はこの意識がありませんが、お金を使う場所には、**「お金を消費するために使う左側の世界」**と**「お金でお金を増やすために使う右側の世界」**があります。

そして、お金を使うときの考え方には**「消費するためにお金を使う日常脳」**と**「お金を増やすためにお金を使う投資脳」**の2つがあります。

「日常脳」は普段の生活でのお金の考え方なのでわかりやすいのですが、「投資脳」は理解しがたいかもしれません。

投資脳は、いくら増やしても、**増えたお金でさらにお金を増やし、"いつまでも"増やし続ける**ことしか考えません。

投資が失敗してお金が減るのはよくても、消費で使ってしまうなんてありえないんです。

ほとんどの人は「消費をするために投資でお金を増やしたい」と考えているので、「投資脳」のいつまでもお金を増やし続けるという考えは理解しがたいかもしれませんが、スイッチの切り替えをするためにも整理をしてください。

お金の泉づくりである資産運用は右側の世界で行います。

そして、**右側の世界では「投資脳」の「お金をどこまでも増やす」という考え方だから上手くいく**

〈「左側の世界」と「右側の世界」の違い〉

左側の世界	右側の世界
日常脳のお金の使い方をすると上手くいく	日常脳のお金の使い方をすると上手くいかない
投資脳のお金の使い方をすると上手くいかない	投資脳のお金の使い方をすると上手くいく

まとめ	投資をするとき、消費をするときで「日常脳」と「投資脳」を切り替えよう！

し、**左側の世界では「日常脳」の「お金を消費する」という考え方だから上手くいく**のです。

これがあべこべになると上手くいきません。

右側の世界で資産運用してお金を増やそうとしているのに、「日常脳」のまま買い物でお金を使いたいと考えていれば、なかなかお金の泉は大きくなりません。

また、左側の世界で買い物でお金を消費をしようとしているのに、「投資脳」でお金を増やしたいと考えてしまえば、楽しくお金を使えません。

整理ができると「消費をするために投資でお金を増したい」という考えが、「日常脳のまま投資をしようとしていた」ことに気づけると思います。

これからは、お金を使う場所がお金を増やそうとしている右側の世界なのか、お金を消費しようとしている左側の世界なのかを区別して、**「お金を増やす投資脳」と「お金を消費する日常脳」を切り替える**ようにしてください。

09

「日常脳」と「投資脳」の一番の違い

投資で成功するかどうかを最も左右する思考の差

お金＝消費という思考から脱却する

先ほどもお伝えした通り、日常脳の人と投資脳の人では、お金についての考え方が根本的に違います。**日常脳の人は、稼いだお金は生活や自分の欲しいもののために使うのが当たり前という考え方**です。お金＝消費、とダイレクトにつながっているわけです。

ゆえに日常脳のまま投資をしていると「投資の利益で何かを買う」、そのために投資をしていると考えてしまいます。

この思考パターンのまま投資をしてもうまくいきません。「あれだけ投資したのに、収益はたったこれだけか」とがっかりしてしまい「楽しく使っちゃえ！」となってしまうからです。

投資脳にならない限り、成功はない

これに対して、**投資脳の人にとってのお金は「増やすために使うもの」**です。

投資を始める動機が、「お金持ちになって豪遊したい」「大きな家が欲しい」「いい車に乗りたい」というものだったとしても、投資をしていくうちに投資脳は磨かれていきます。

そして、「投資額が大きくなるほどリターンが大きくなるのだから、利益は再投資しよう」とか、「もっ

〈「日常脳」と「投資脳」の思考パターン〉

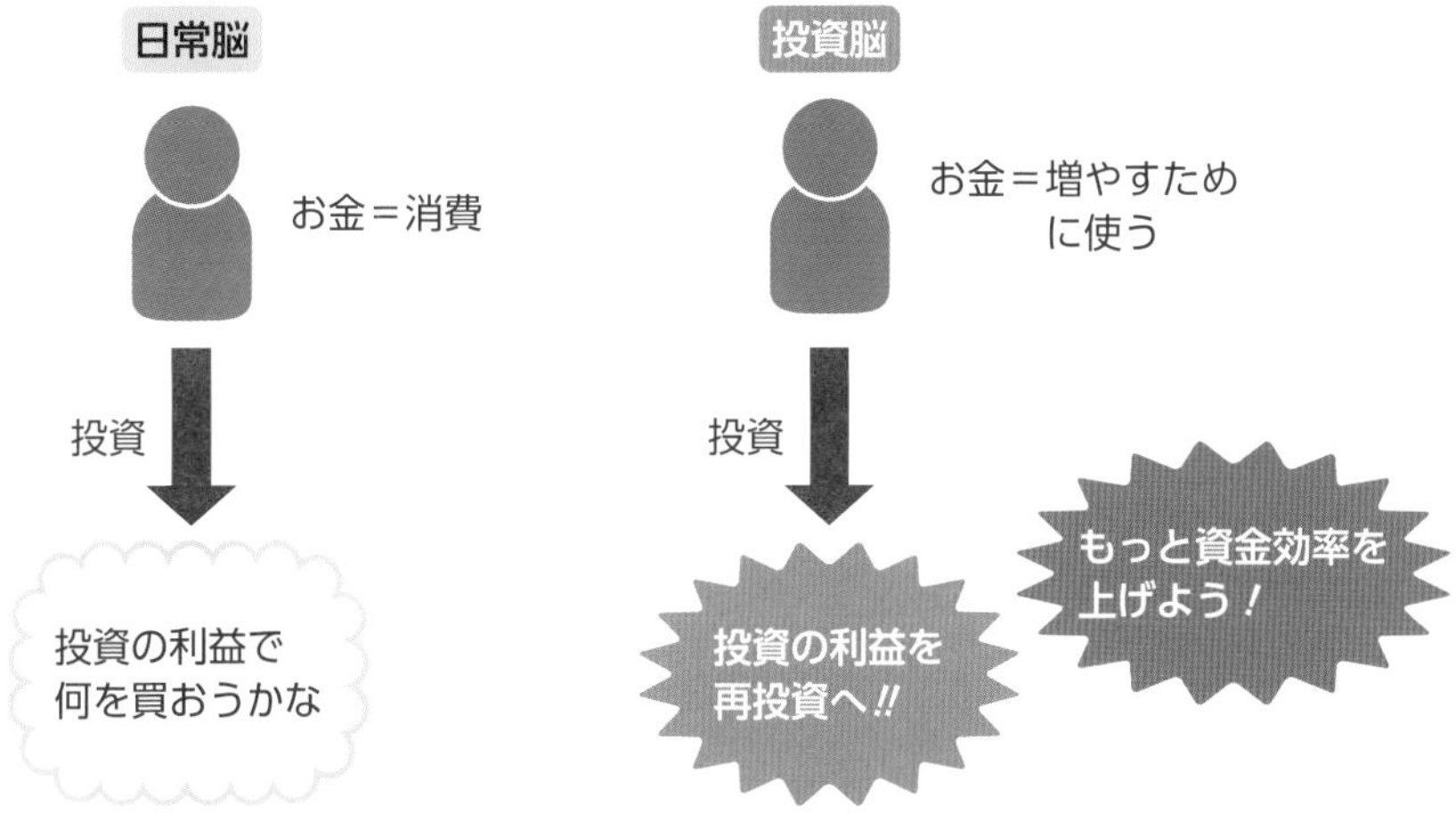

まとめ 増えたお金で、さらにお金を増やそうと考えるのが重要

と資金効率を上げて資産を最大化させたい」と考えるようになっていくものです。

投資をするにはこの感覚を持つことがとても重要です。**この感覚を養うことができた人だけが投資で成功する、と言っても過言ではありません。**

投資を始めはしたものの、いつまでも日常脳のままでいる人は、どこかで必ず投資して増えたお金を使いたくなります。

利益が出たらそれを使わずにはいられない思考パターンを持っているからです。

もちろん、お金持ちだって遊びにお金を使っていますが、それについては後ほどお伝えします。

今はとにかくこの言葉をしっかり胸に刻み込んでおいてください。

投資で成功するためには「お金＝資産を増やすために使うもの」と考える。

10 「右側の世界」は2つに分かれる

長期投資と短期投資の違いを知ろう

投資の世界さえ理解すれば、怖くない

お金の使い方には2つの考え方があることをご理解いただけたでしょうか？

このスイッチを切り替えることで「このお金は遊びで使っていいお金」、「このお金は資産運用で増やしていくお金」と場面に応じてお金を使い分けることができ、お金の扱いも上手になっていきます。

ということで、**あなたも投資をするときには投資脳にスイッチを切り替えて投資をしてくださいね。**

では、投資の世界＝右側の世界の説明をします。

「投資ってなんか難しそう」「いろいろあってよくわからない」と感じている人が多いと思います。

このように感じるのは、**投資の世界が整理できていないことが原因です。きちんと理解して頭が整理されれば何も怖いことはありません。**

投資対象が同じでも、目的が違う

右側の世界が投資の世界なのですが、この世界には2つの地区があります。

1つは「右側の世界」と呼んでいる地区、もう1つがこの右側の世界の深部にある地区です。私は「奥地」と呼んでいます。

どちらも投資対象は同じで、株式や不動産などで

〈「右側の世界」の深部にある「奥地の世界」〉

	右側の世界	奥地の世界
目的	資産づくり （資産運用）	資金効率 （短期投資、トレード）
投資額	自己資金分の取引	自己資金以上の取引、 高い回転率
投資期間スタンス	超長期	超短期
感覚	資産を増やしていく感覚	お金を稼ぐ感覚
例	外貨貯金で外貨を増やす	FXで売買益を狙う

まとめ 短期で大金の獲得を目指すのが「奥地」の投資

では何が違うのかというと、投資のやり方や目的が違うのです。

「右側の世界」

こちらの投資は一般的な普通の投資です。**投資で資産をつくるのが目的**の世界です。

この投資は**「資産運用」**ともいい、感覚は「資産を増やしていく」になります。

自分の預貯金や収入から投資に回せる分だけ資産を買っていき、**時間をかけながら資産を増やしていく投資**をしていきます。

NISA口座での投資はこちらになりますし、この本で紹介しているのもこちらです。

「奥地の世界」

こちらの投資は「短期で大金を稼いだ」というような**「それができたらいいな」という投資**です。

資金効率を追及するのが目的の世界です。

この投資は**「短期投資」「トレード」**ともいい、**「稼ぐ」に近い感覚**です。

自分の資金以上の取引をしたり、売買の回転を増やしたりして、資金効率を上げ、短期間にお金を稼ぐ想定で投資をしていきます。

短期で儲けたくても資産づくりをする

100万円で100万円分の資産を買う、というわかりやすい取引が右側の世界。

100万円を担保にして300万円分の取引をして売買益を狙ったり、売りからスタートして後で買い戻したりといった取引をしているのが奥地の世界です。この地区には、信用取引、先物取引、オプション取引など、資金効率はいいものの難しそうな取引がいろいろとあります。

投資というと、ほとんどの人が奥地にある「短期で大儲け！」の世界を連想するのではないでしょうか。

確かにそれも魅力的ではあります。本音を言えば誰だって短期でパパッと大儲けして、あとは楽して暮らしたいと思うでしょう。

長期でじっくり運用なんて根性が必要そうだし、第一、スピード重視の時代になったというのにまどろっこしいですよね。

お気持ちはよくわかります。

私も普段、奥地の投資をしているので、奥地の投資を否定しません。ただ、**奥地の投資をする人であっても、右側の世界での資産づくりはするべき**だと考えています。

「自分は資産づくりをしているから、どう転んでもまとまった資産はできる」という安心感があることで、短期投資の実力をつけやすくしてくれるからです。

また、短期投資を目指すのであれば勉強が必要なので、いきなり稼ごうとせずスキル習得に時間を使うことをおすすめします。

〈「右側の世界」でも「奥地の世界」でも、4つの資産に投資する〉

	右側の世界 自己資金の分だけの取引	奥地の世界 自己資金以上の取引 （レバレッジ）
現金・債券資産	外貨貯金 現物の国債など 債券の投資信託	FXで為替取引 レバレッジを効かせて債券を短期売買
株式資産	国内の個別企業の株 海外の個別企業の株 株の投資信託	信用口座 日経などの先物取引、 オプション取引
不動産資産	不動産の投資信託 REIT	借金をしてリアル投資用不動産を購入
コモディティ資産	コモディティの投資信託	商品先物などレバレッジを効かせて短期売買

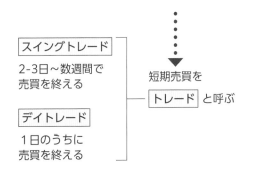

スイングトレード
2-3日～数週間で売買を終える

デイトレード
1日のうちに売買を終える

短期売買を トレード と呼ぶ

まとめ 「お金の泉」をつくるのは「右側の世界」の投資方法。「奥地」を目指す人も、両立は必須

11 投資対象のさまざまな種類

お金の泉づくり＝右側の世界の資産運用

投資できる資産の種類は4つある

「右側の世界」も「奥地の世界」も投資対象は同じとお話ししましたね。

投資対象となるのは**「現金に交換できる資産」**です。ものすごくたくさんありますが、みなさんが整理しやすいように分類して表にまとめました。

覚える必要はないので、安心してください。

現金に交換できる資産は大きく分けて、**「現金・債券資産」「株式資産」「不動産資産」「コモディティ資産」の4種類**です。

この4つの資産を「右側の世界」でも「奥地の世界」でも取引しています。

ただ、同じ資産の取引でも「右側の世界」と「奥地の世界」では、投資商品の呼び名（金融商品）や取引方法が違います。

今は、どちらの世界でも4つの資産を取引しているが、呼び名や取引方法が違うと理解していただければ問題ありません。

理解してほしいのは、**お金の泉づくり＝「右側の世界でつくる資産運用のこと」「売買を頻繁に行う投資ではなくて、長期で資産を増やしていくもの」**と、なんとなくわかっていただければOKです。

投資の世界がだんだん整理できてきましたね。

では次に、金融商品によって変わる、リスクとリターンについてお話しします。

〈「右側の世界」も「奥地の世界」も投資対象は「現金に交換できる資産」〉

現金に交換できる資産

現金・債券資産　※本当は2つの資産ですが、合わせてひとつにしています

- 現金……円、ドル、ユーロなど世界のさまざまな通貨
- 債券……投資家がお金を貸す借用書のようなもの

例　国にお金を貸す→国債、有名企業にお金を貸す→社債

- 債券の投資信託……あるテーマに合う国債や債券をまとめてひとつにしたもの

例　アメリカ国債ファンド、複数の米国債をひとつにまとめたファンドなど

株式資産

- 個別の企業の株……トヨタ、任天堂など国内企業、アップル、マイクロソフトなど海外企業
- 株価指標……日経平均株価、TOPIX、アメリカのS&P500など
- 投資信託（ファンドとも呼ぶ）……あるテーマにあう株をまとめてひとつにしたもの

例　先進国株式ファンド……先進国の有名企業をひとつにまとめたファンド
　エマージングファンド……新興国の有名企業をひとつにまとめたファンド

不動産資産

- リアル不動産……居住用不動産、賃貸用不動産、商業用不動産、倉庫など
- 不動産REIT（リート）……不動産版投資信託。証券会社から売買ができる（海外の不動産もあり、多種多様）

コモディティ資産　※仮想通貨はコモディティではないですが、便宜上こちらに分類しています

- 農畜系……小麦、コーン、大豆、オレンジ、豚肉など
- 鉱物系……金、銀、銅、プラチナ、ニッケルなど
- エネルギー系……原油、ガソリン、天然ガスなど
- 投資信託……農畜系をまとめたもの、コモディティをひとまとめにしたもの
- 仮想通貨……ビットコインなど

まとめ　投資信託のテーマは多種多様で、証券会社から売買できる

12 投資の世界のリスクとリターンとは？

リスクとリターンは比例する

「リスク」＝価格の振れ幅

一般的に「リスク」という言葉は「危険」とか「危機的状況」などの意味で使われています。

ところが投資の世界では**「リターンの不確実性」**という意味で使われることが多いのです。

リターンの不確実性の度合い（価格の振れ幅）が大きいことを「リスクが大きい」と言い、逆に不確実性の度合いが小さいことを「リスクが小さい」と言います。

つまりリスクが大きいというのは、**「運用がうまくいけば大きな収益が得られるかもしれないし、反対に失敗すると大きな損失が出るかもしれない」**ということになります。

そしてここがポイントなのですが、**リスクとリターンは比例します。**

リスクを低く抑えようとしたら、リターンも小さくなり、逆に高いリターンを得ようとするとそれに比例してリスクも高まっていきます。

左ページ下部は金融商品ごとのリスクとリターンを図にしたものです。

預貯金はローリスクである分リターンも低く、反対に株式投資はハイリスクである反面、リターンも大きくなることがおわかりいただけることでしょう。私がこの本でおすすめしたいのは図中の「投資信託」という投資商品です。

〈リスクとリターンの関係〉

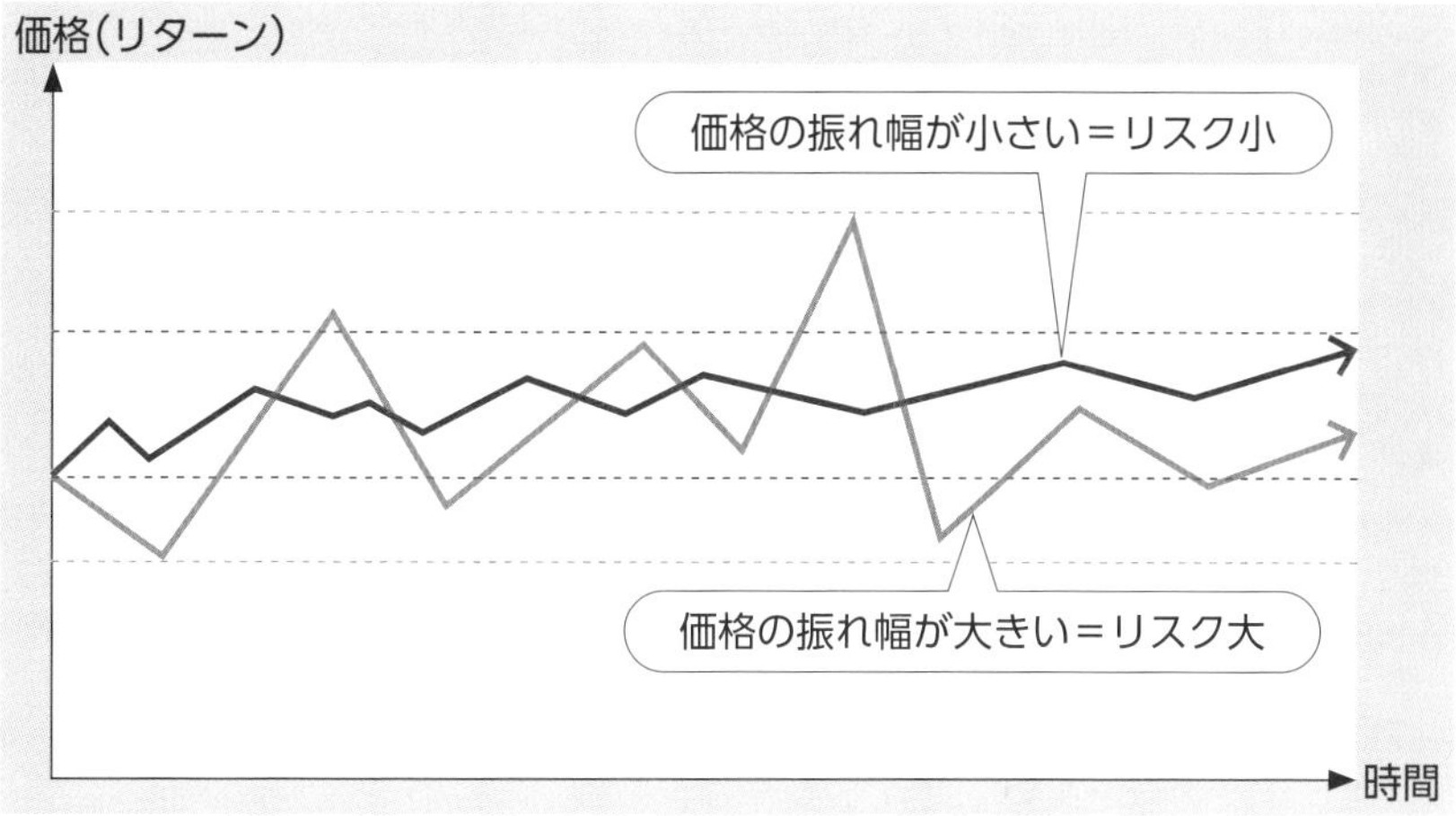

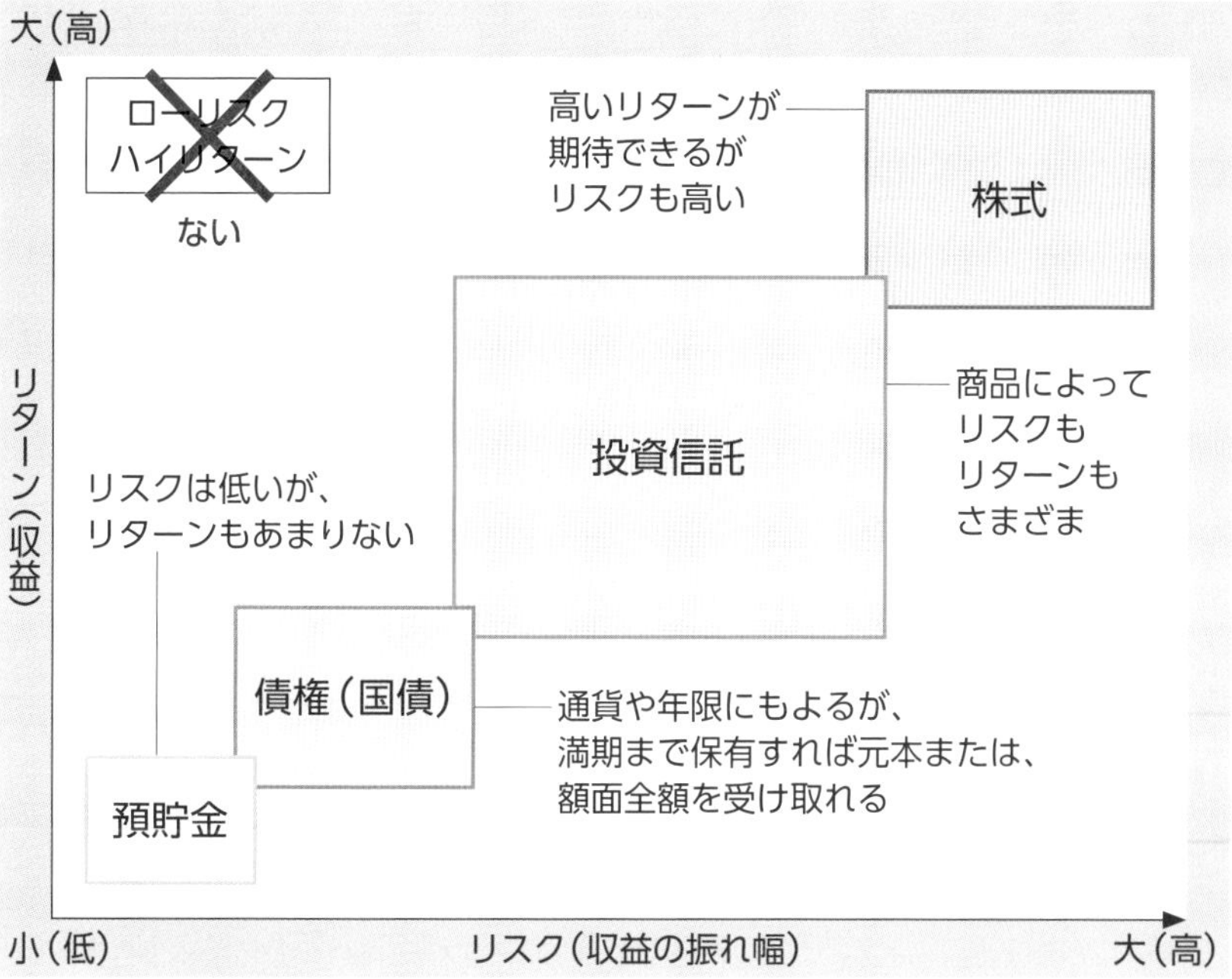

まとめ　高いリターンが期待できるほど、リスクも大きくなる

13 「時間」と「対象」の分散でリスクは限りなく小さくできる

分散投資は投資の王道

卵は1つのかごに盛るな

「そんなにリスクが高い投資信託を勧めようっていうのか⁉」と思われたかもしれません。

でも大丈夫です！　危険をゼロにはできませんが、限りなく低くする方法があるからです。

その方法とは分散投資です。**投資の王道である分散投資をすることで「資産を守りながら増やしていく」ことができます。**

投資の世界には「卵は1つのかごに盛るな」という格言があります。

持っている卵を全部まとめて同じかごに入れてしまうと、そのかごを万一落としてしまった場合、卵がすべて割れてしまう可能性が高まります。

いくつかのかごに分散しておけば、1つのかごの卵が割れたとしても、ほかの卵は割れません。投資をする場合はこのように「分散することが大事だよ」ということです。

投資における分散の方法は、主に2つあります。順に説明していきましょう。

時間の分散

1つ目が**「時間の分散」**、つまり**「長期積立投資」**ということになります。毎月一定額をコツコツ時間をかけて投資していくことによって、いわゆる**「高値づかみ」**のリスクを避けることができます。

〈「卵は1つのかごに盛るな」のイメージ〉

卵を1つのカゴに全部入れた場合
（投資先が1つの場合）

複数のカゴに分けた場合
（投資先を分けた場合）

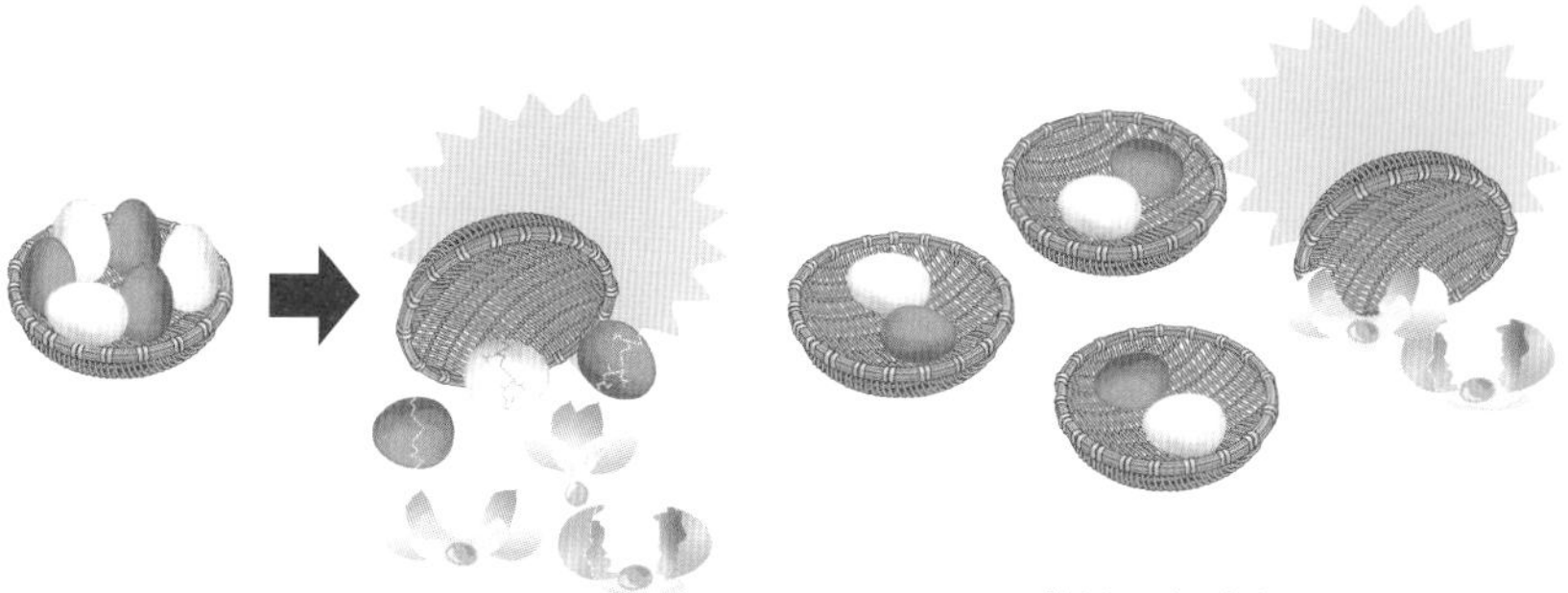

1つにまとめておくと、
カゴを落としたときにすべてがダメに…

分けておくと、
1つを落としてしまっても、
残りは大丈夫！

まとめ 分散しておけば、1つがダメになっても大丈夫！

ちなみに「高値づかみ」というのは、たとえば特定の銘柄の株式を高い時に全財産を投げ打ってまとめて買ってしまうようなことを言います。

そのあとじりじり株価が下がってしまったら売り時のタイミングを逃すだけでなく、余剰資金がないのでほかの銘柄を買い付けることもできず、投資の機会損失になってしまいます。

みなさんにご紹介する投資信託も、**市場で売買されているため安い時と高い時があります**が、一定額を毎月買い付けることで、投資信託の価格（基準価額）が高い時には買い付ける口数が少なくなりますが、安い時には買い付ける口数が多くなります。

結果として買付口数が平準化できるので、高値づかみは避けられるというわけです。

投資対象の分散

2つ目は「対象」を分散する方法です。資産の種類と地域があります。

・**資産の種類の分散**

特徴の異なる複数の資産を組み合わせる方法です。44ページでも紹介した「現金・債券」「株式」「不動産」「コモディティ」の4種類の資産に分散投資することでリスクが軽減できます。

・**投資地域の分散**

複数の地域（国）や通貨を組み合わせる方法です。日本国内の資産だけではなく、海外への資産にも分散するということです。

現金にしても円だけではなくドルも保有することでリスクが軽減できます。

2024年2月のとある日の為替レートは、米ドル＝約150円ですが、過去最大の円高だった2011年10月には一時75円台を記録しました。

実に2倍の差です。

仮にこのとき1万ドルを購入していたら、購入価格は75万円。

これを放置しているだけで、2024年には1万ドルが150万円になっていたのです（売買ともに為替交換手数料を考慮していません）。

投資信託は分散投資にうってつけ

投資信託には「4つの資産＆さまざまな地域」があるので、投資信託の積立をすることで「時間の分散」「資産の種類＆地域の分散」が可能になります。

だからこそ、これから投資を始めようという方に向けて、私はまず「投資信託」を推奨しているのです。

投資信託の積立投資をしながら投資の経験を積んでいきましょう。

その積み重ねが、「お金の泉づくり」の礎（いしずえ）になります。

ここでは基礎知識として「投資リスク低減には分散が効く」ということを覚えておきましょう。

続く第3章では、投資を成功させるカギとなる「お金メンタルを整える方法」についてお話しします。

〈分散の方法〉

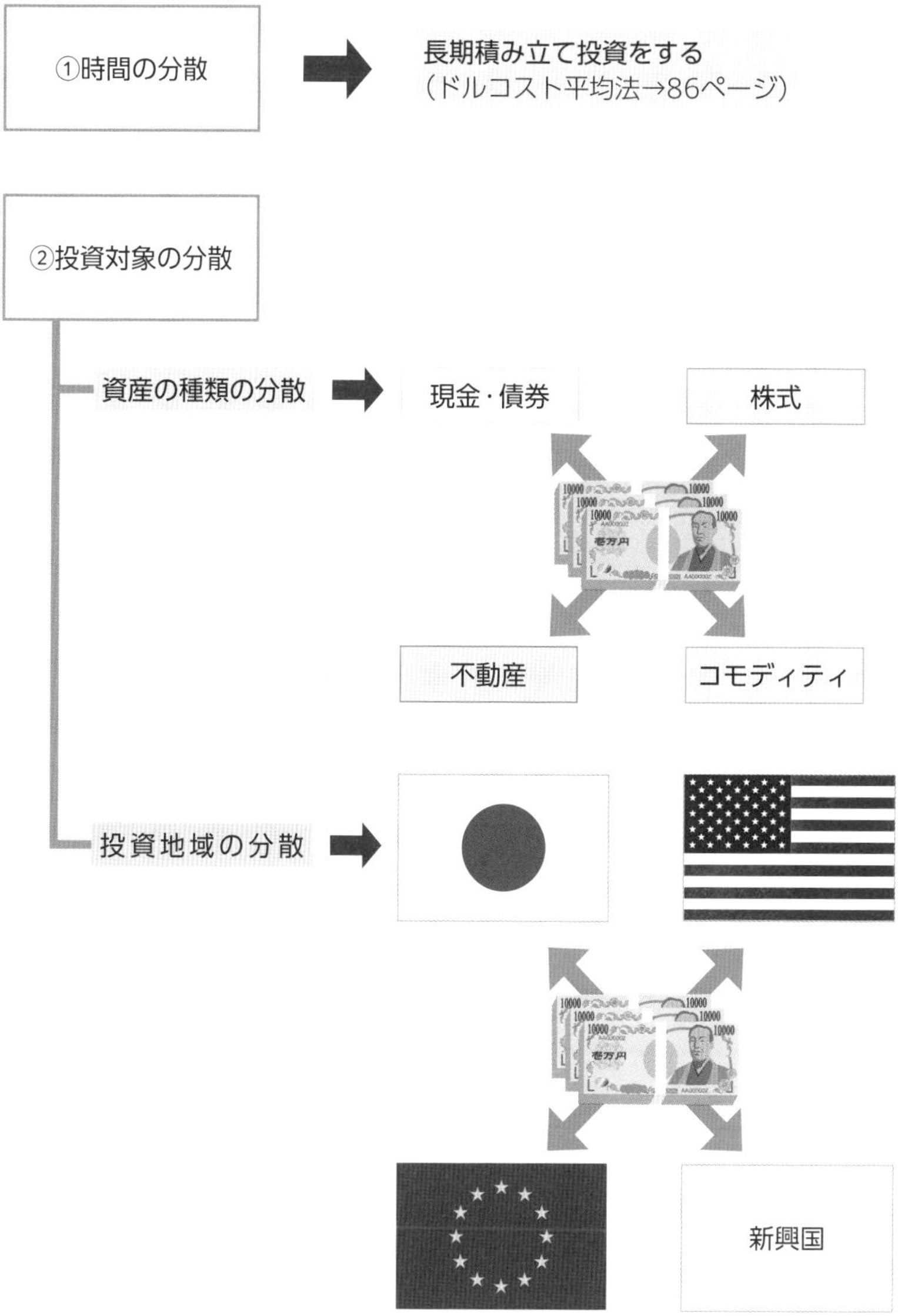

まとめ 分散を掛け合わせれば、リスクは限りなく小さくできる！

column 2

興味があるなら、短期投資の勉強をするのもアリ

初めて投資した会社がいきなり倒産!?

私が初めて投資をしたのは、1990年代後半です。

当時はまだインターネット環境が整っておらず、株価は午前中の終値を当日の夕刊で、その日の終値は翌日の新聞で確認する時代です。

素人が時価を知ることはできなかったので、私は方眼用紙に手書きでチャートを書いていました。

資金はコツコツ貯めた500万円。現物の個別株を10銘柄に分散投資をしましたが、そのうち1社はまもなく倒産してしまいました。

その倒産した1社は当時の東証一部（現在の東証プレミアム）に上場している規模の大きな会社だったので、まさかつぶれるとは思っていませんでした。

当時は株式投資のリスクをよく理解しておらず、「大きな会社の株は、持っていればいつか上がるだろう」くらいの認識しかなかったのです。

でも今にして思うと、投資のはじめに持ち株が0円になるという経験をしたのは、むしろよかったのではないかと思います。

金額もそれほど大きくはなかったので、致命傷にならずにすみました。

仕手株×信用取引で資産増に成功

2000年ごろになるとインターネットで株の注文ができるようになります。リアルに動く株価を見ながら取引ができるようになったので、「稼げるもの」を追い求め、信用取引で仕手株に手を出すようになりました。

信用取引というのは、株式用語では「現物取引」の対義語です。

現物取引とは、証券口座に入っている実際のお金を使って株式の売買をすること。これに対して信用取引とは、証券会社に現金や株式を担保として預ける代わりに、証券会社からお金を借りて株式を買ったり、株券を借りてそれを売ったりする取引のことで、預けた担保の評価額の約3・3倍まで株の取引ができます。

信用取引だと自分が持っているよりも大きな金額の取引ができるということですが、大きく儲けることが可能になる反面、損失も大きくなります。

仕手株というのは、株価が意図的に操作されている銘柄のことです。操作しているのは「仕手筋」と呼ばれる大量の資金を持つ集団です。

通常、株価が動くのはその会社に関するニュースなど、何らかの発表があったタイミングですが、仕手株は何のニュースも発表もないのに急に株価が上下することがあります。このような現象が起こったら、その銘柄は仕手株である可能性が高くなります。

私は株価の動きを表す「株価チャート」という表を見て、株価の低い株式の中から仕手株らしい動きをする銘柄をピックアップし、毎日チェックするようにしていました。

毎日同じ銘柄の動きを見続けていたところ、「これ、上がりそうだな」というのがわかるようになったので、動き始めたら「それっ！！」とばかりそこに乗るようにしました。

「低位株×信用取引」だったので多くの株を買うことができたのです。

それを繰り返して資金効率を高め、資金を大きくしていきました。

私の場合、幸いなことに短期投資で致命的な損失を出すことはありませんでした。

若くて時間があり、なおかつ株式投資について本気で勉強する意欲と根性のある人なら、私はこうしたやり方もアリだと思います。

ただし、短期投資はチャートの読み方だけではなく、長期投資とはまた違う短期投資独特の考え方、自分自身のコントロールなど、身につけることはたくさんあるので勉強をしてください。

短期投資で稼いでいる人たちは、「過去に戻ったとしても短期投資をする」と答える人ばかりですから、時間をかけてでも習得するに値する価値はあると思います。

第3章

投資がうまくいく人の、投資マインドとは？

14

投資で一番大切なのは「投資マインド」

収入や知識より大切なお金メンタルの話

収入が少なくても資産はつくれる！

この章では、お金に対するメンタルを整えることの重要性と、考え方についてご説明していきたいと思います。

投資をしていない方がよく、

「収入が少ないので、お金を投資に回す余裕がない」

「投資に関する知識がないからできない」

などと口にしているのを耳にします。

でもこれ、いずれも認識を誤っています。

収入が少なくてもお金を貯める人は貯めるし、投資をするのに最初から豊富な知識が必要というわけではないからです。

大切なのは投資に回せる金額が大きいことでも、投資に関する知識が豊富なことでもありません。

一番大切なのは、投資マインドを養うことです。

投資マインドがしっかり育っていれば、収入が少なくても資産づくりへの道を迷うことなく歩いていくことができます。

また、確かな投資マインドをもって投資を続けていくうちに投資に関する知識も増え、その知識を活用して自分に最適な投資スタイルを模索し、構築できるようになっていくのです。

15 マネーリテラシーが高い人って？

お金に関する知識や情報を上手に活用する能力

お金の教育を受けていない日本人

私は「お金に関する知識や情報を上手に活用する能力」のことをマネーリテラシーと考えています。

特に大事なのは〝活用する〟という点です。知るだけで終わるのではなく、その情報を活用してお金を得る。

そこまでできて初めて「マネーリテラシーが高い人」と言えるでしょう。

残念なことに、私たち日本人はお金について親や学校から教わることがありませんでしたし、「お金について話すのははしたない」という風潮もありました。

マネーリテラシーを磨こう！

それにひとつの会社で退職まで勤め上げれば老後は安泰というのも当たり前だったので、お金について勉強しなくとも問題なく老後を過ごせたのです。

しかしその根幹であった　終身雇用制度と退職金制度、公的年金制度が揺らぎ、老後の資金は自分自身で用意しなければいけなくなってしまいました。

自分でお金をつくるとなると、マネーリテラシーが重要になってきます。

この本を読んでくれているみなさんは、「お金の泉づくり」を通してマネーリテラシーを磨いていきましょう！

16 日本経済のこれまでとこれから

30年にわたる不況を抜け出しつつある日本

日本国民は世界的に見ても優秀！

日本は優れています。バブル崩壊による不景気、デフレ、給料が上がらないという状況が30年も続いて、資源もない、高齢率が世界1位にもかかわらずGDPは世界上位を維持していて、さまざまな分野で世界トップクラスの企業がたくさんあります。

そしてこれまで終身雇用、退職金、年金、医療保険制度を守ってきました（一部を除いて海外の政府や会社は手厚くなく、たとえば医療費はかなり高額で、入院したくてもできない人もいます）。

さらに日本は国民も優秀で、**長期間の不景気が続いているにもかかわらず、2023年時点で個人の金融資産を約2100兆円もつくっています！**

株式の比率は低いですが、これまではデフレだったので実はこれが正解です。

日本の株式市場は好循環へ

全国どこでもゴミの回収はされ、走りやすい道路があり、水道水が飲め、水洗トイレは当たり前。自然があり、空気も良く、基本的に街はキレイで無臭。夜に一人で歩ける治安の良さ、時間通りに来る電車、全国同じ品揃えのコンビニ。

外食も安くておいしい、新鮮な生野菜、生魚が食べられ、肉もブランド品がたくさん。アニメやアイドルなどのサブカルチャーも発展、災害時も他の人

〈日本人のマネーリテラシーが上がり、NISAを始める人が増えると？〉

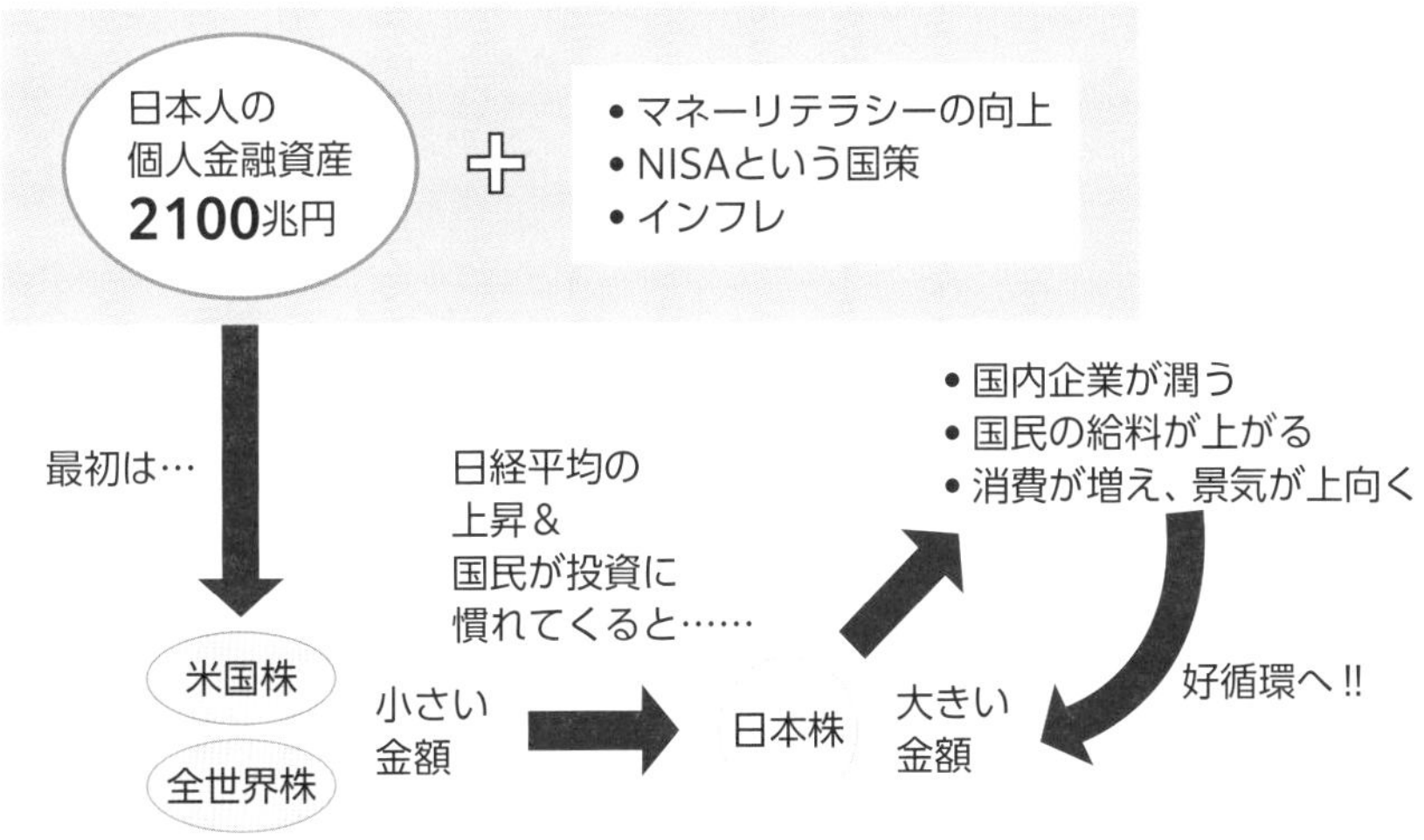

まとめ 今、日本は好循環に向かう流れができつつある！

を気遣い、暴動が起きない、和を守る……など、世界的に見て日本人の能力は非常に高いんです！ **この賢い国民がマネーリテラシーを意識したらすごいことになると、私は予想しています！**

NISAという国策＋インフレで、2100兆円の金融資産が株式マーケットに流れ始めると？

はじめにお金が流れるのはアメリカのS&P500や全世界株式などの投資信託かもしれませんし、その積立金額も少ないでしょう。

しかし日本株が上がれば日本への投資信託になるでしょうし、投資に慣れてくれば額も増えていく。

投資されたお金は国内企業へ回り、設備投資され、従業員の給料も上がる。給料が上がった人たちが国内の小売・飲食へお金を使うようになる。すると小売・飲食の人たちの給料が上がっていき、みんなが投資をすることで日本株がさらに上がり、海外マネーも増える……という**好循環が生まれる**のです。

17

マネーリテラシーが「お金の泉」を大きくするのに役立つ

時間を味方につけるために意識してほしいこと

マネーリテラシーは継承される

実は**日本人のまじめさや几帳面さは、長期投資にうってつけ**だと私は考えています。

時間を味方につけてコツコツ努力を続けていくのに、日本人ほど向いている国民はいないのではないでしょうか。

子どもがいる方や、将来欲しいと思っている方に覚えておいてほしいのは、**マネーリテラシーは親から子に受け継がれていくもの**だということです。親がまず実践してみせれば、子どももその手法を身につけることができるようになっていくでしょう。

これこそまさに目に見えない財産です。親から子どもへの何よりの贈り物になるはずです。

お金について考えるのは早いが吉

若いうちからマネーリテラシーを意識してお金と向き合っていけば、**投資に関する知識の量が増え、自分のリスク許容量がわかるようになっていきます。**

それと同時に**資金効率を最大にする投資法のチョイスができるようになり、リスクも軽減できるようになっていきます。**

「お金の泉」もマネーリテラシーの向上とともに大きくなっていくので、生涯にわたって経済的にゆとりのある生活ができるようになることでしょう。

〈マネーリテラシーは、なるべく早く身につけよう〉

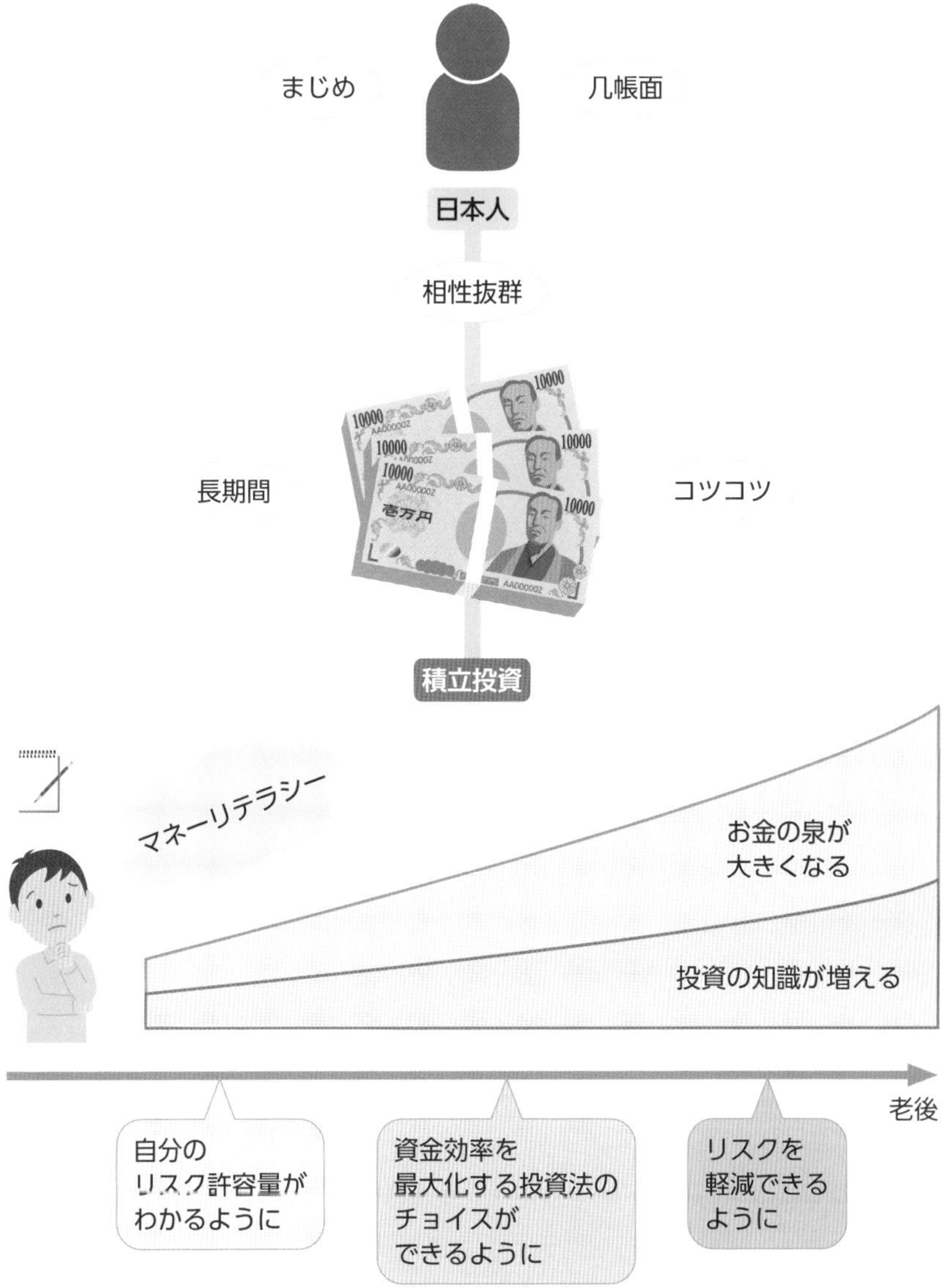

まとめ　お金の泉は、マネーリテラシーを身につけることで大きくなる

18

管理能力とマネーリテラシーの関係

お金の管理能力と、自己管理能力

土台になる「管理」能力

マネーリテラシーというとお金の知識と考えがちですが、知識を支える土台がとても大事です。

土台が大きいと知識を活用しやすくなりますが、土台が小さいといくら知識を仕入れても活用することができません。

マネーリテラシーを養うためにはこの土台を大きくすることが決め手になります。

マネーリテラシーの土台になるのが、

お金に振り回されるのではなくお金をコントロールするお金の管理能力と、

目先の欲望や投資する怖さなど自分の感情をコントロールする自己管理能力です。

ピラミッドにたとえると、下の部分にお金の管理能力と自己の管理能力がきて、その上に知識があるというイメージです。

まずは土台となるお金の管理と自己の管理を徹底することが重要になります。

カンタン管理能力チェックテスト

あなたはお金の管理と自己の管理がしっかりできていますか？

「できているかどうかわからない」という人は、左ページ下の①〜④を見て、自分がどれに当てはまるのか考えてみてください。

〈マネーリテラシーを養うために必要なことは？〉

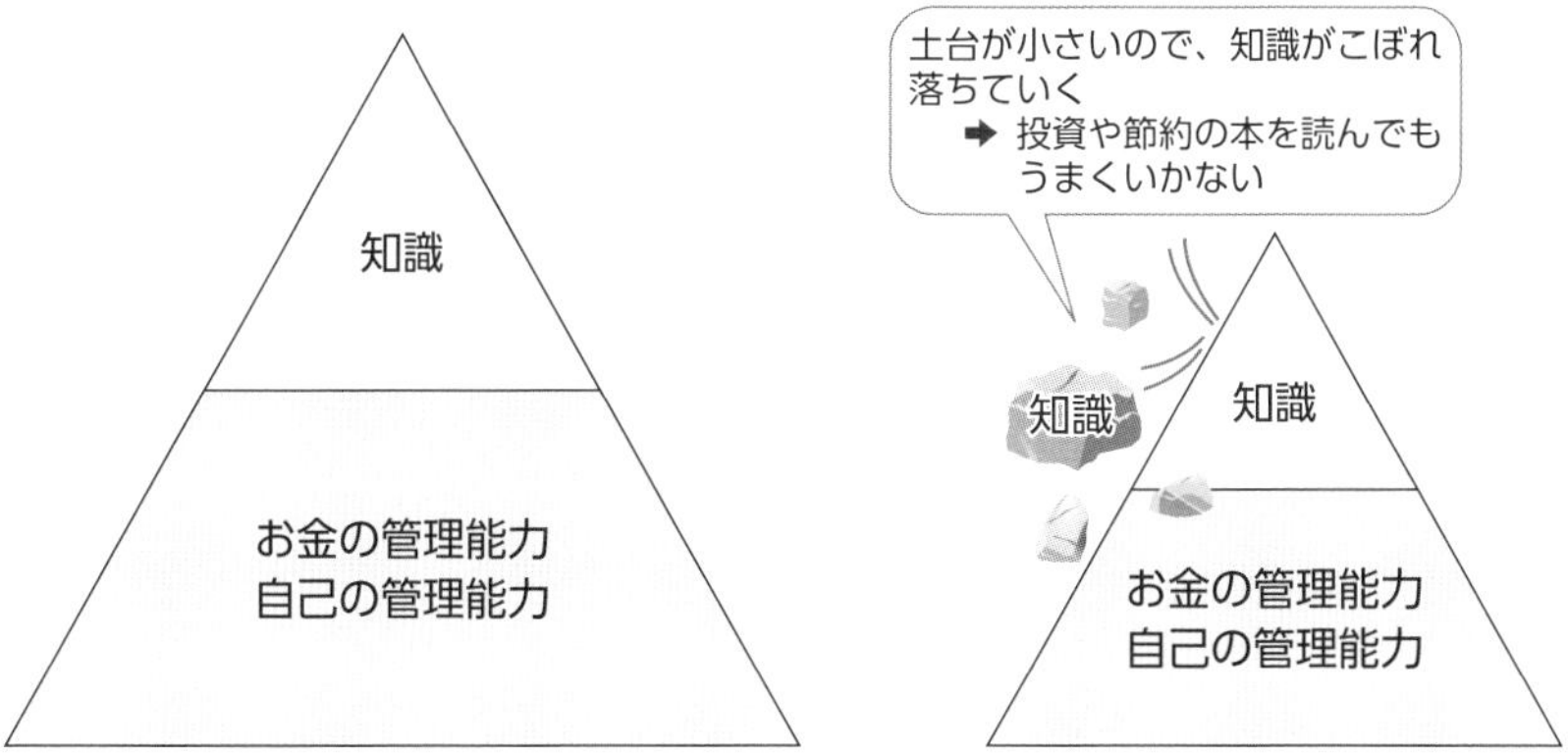

ピラミッドが大きいほど
リテラシーが高く、
投資家としての能力が高い

ピラミッドが小さいほど
リテラシーが低く、
投資家としての能力が低い

土台が小さいと、仕入れた知識が「知っているだけ」で終わる

あなたの管理能力は？

① 毎月貯金ができている
➡ 今すぐにでも投資を始められる状態

② 貯金ができたりできなかったりする
➡ 一定額を毎月貯金することを目指す

③ まったく貯金ができていない
➡ 収入が出たら「天引き」で貯金することを意識する

④ 貯金どころか、毎月赤字になっている
➡ 赤字体質からの脱却を目指す（詳細は次ページ）

まとめ 土台となる「管理」を徹底できるようになろう

①なら大丈夫。あなたはお金を意識的にコントロールできるし、自身の感情もコントロールできる人です。今すぐにでも投資を始めることができます。

②はお金の管理、もしくは自己の管理のどちらかに少々問題があります。まずは毎月一定額を貯金に回し、残った金額で生活のすべてをまかなえるよう習慣づけていきましょう。

③はお金と自己管理両方に問題があります。もしかしたら「貯金は生活費の残りを充てよう」と考えてはいませんか？　だとしたら順番が逆です。

残ったお金を貯蓄に回すのではなく、給料が出たらまず一定額を貯金し、残りで生活するというように考え方を変えていく必要があります。

④はお金と自己管理の両方に大いに問題があります。お金をコントロールするのではなく、お金に振り回されています。このままいくと将来的に破産するリスクが極めて高いです。

まずは赤字体質からの脱却を目指しましょう。そのためには**自分のお金の使い方のクセを知ることが大切**です。

赤字に陥りやすい人に多いのが、コンビニ通いの習慣があるということです。朝にコーヒーを買う、ランチを買う、夜は夕食やデザートを買う……。

これをやってしまうと、1回ごとの金額は大したことがなくても、ちりも積もれば1カ月で相当な額になります。

これはあくまでも一例です。**自分が「どこで一番お金を使っているか」を突き止めるのを第一歩として、管理能力を高めていく足がかりにしましょう。**

浪費好きと「お金が好き」は違う

チェックテストの結果が③または④だった人は浪費好きな可能性が高いです。

浪費好きはお金を使うのが好きな人でもあります。そのため自分では「お金が好き」と思い込んでいますが、本当はそうではありません。

〈浪費好き≠お金好き〉

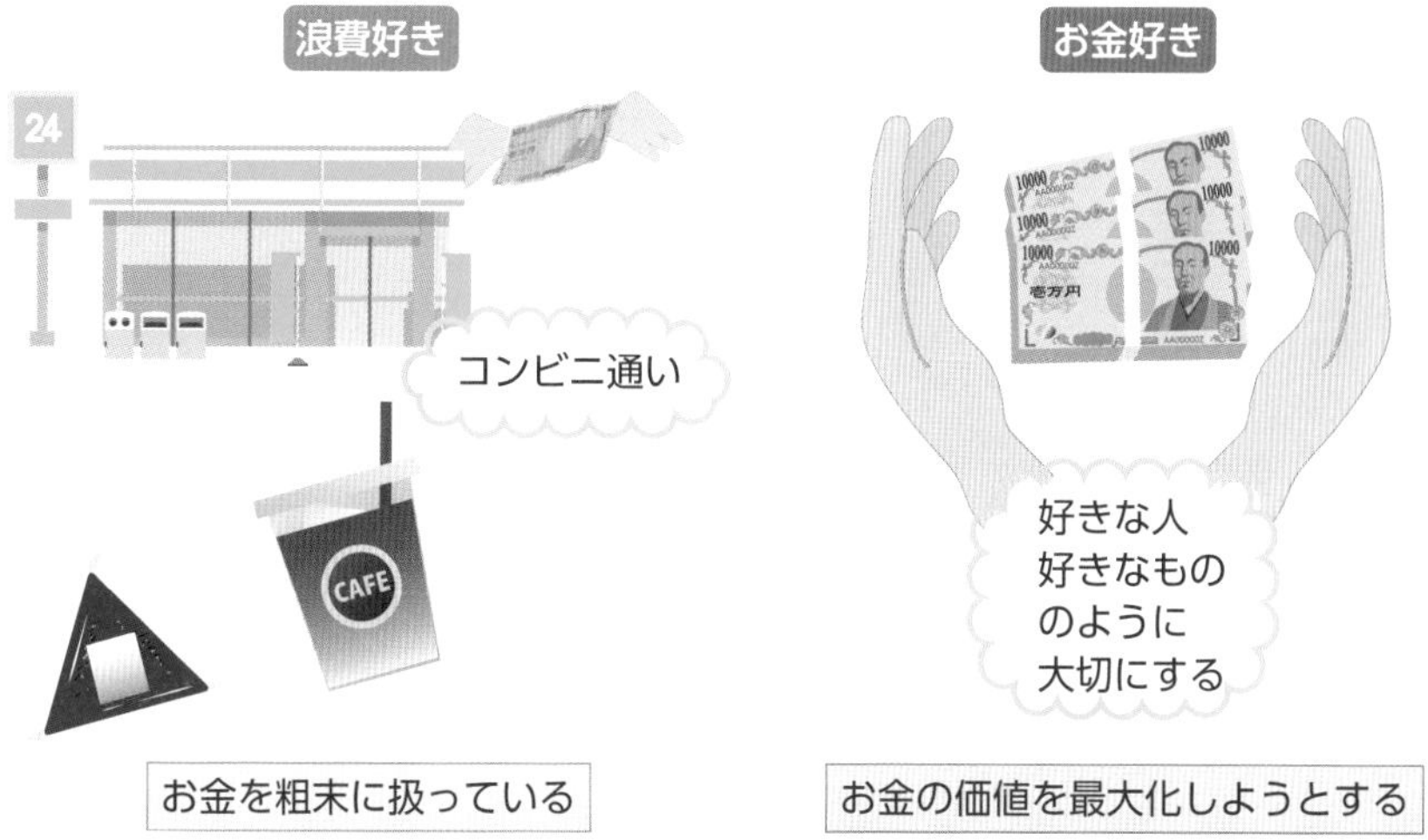

まとめ　浪費は「お金を嫌っている」人がする行為

心底お金が好きな私から見ると「お金が好き」どころか「お金を嫌っている」または「憎んでいる」んじゃないかとしか思えません。

考えてみてください。好きな人や好きなものは大切に扱うと思いませんか？

たとえば子どものいる人なら、健やかに成長してほしいと願って教育を受けさせたり、体にいいもの、おいしいものを食べさせたりして、毎日を楽しく生きてほしいと思うのではないでしょうか。

お金に当てはめてみてください。果たして浪費はお金を大切にしていることになるでしょうか？

むしろ粗末に扱っています。本当にお金が好きな人は、お金のポテンシャルを最大化させてあげたいと考えるので、無駄遣いなどするはずもありません。

お金持ちはそのことをよくわかっているので、**お金を決して粗末に扱いません。価値を最大化する使い方をします。**

このことをよく心に留めておいてくださいね。

19

投資で成功する人と、失敗する人の違い

貯金が好きな人ほど、投資で成功しやすい理由

投資が怖いと思う人ほど、向いている

貯金が好きな人の中には、投資に対して「危ないもの」という見方をしている人もいます。

でも実は、**貯金が好きで毎月着実に貯蓄額を増やしていける人ほど、投資に向いているのです。**

「毎月貯蓄額が増やせる」ということは、自己管理能力が優れているということだからです。

まして、この低金利の時代に貯金が好きということは、思ったようにお金が増えなくても我慢できるということでもあります。

世の中にはその「我慢」ができない人も相当数存在しています。多くの人は100万円くらいまではなんとか貯めることができるのですが、そこから先が続かない人が少なくないのです。

100万円貯まったところで我慢ができなくなり、バーッと使ってしまうというパターンです。

我慢ができるかどうかがカギ

我慢できずに失敗する人と、着実にお金を貯めていける人の違いは、先ほどご説明した「自己抑制ができるかどうか」にかかっています。

要するに**「今はまだ我慢のしどころ」と思えるかどうか**ですね。リスクを減らして安心安全に資産形成をしようと思うと、どうしても時間がかかりますが、それに納得できるかどうかがカギになります。

〈貯金できる人は、投資の素質アリ？〉

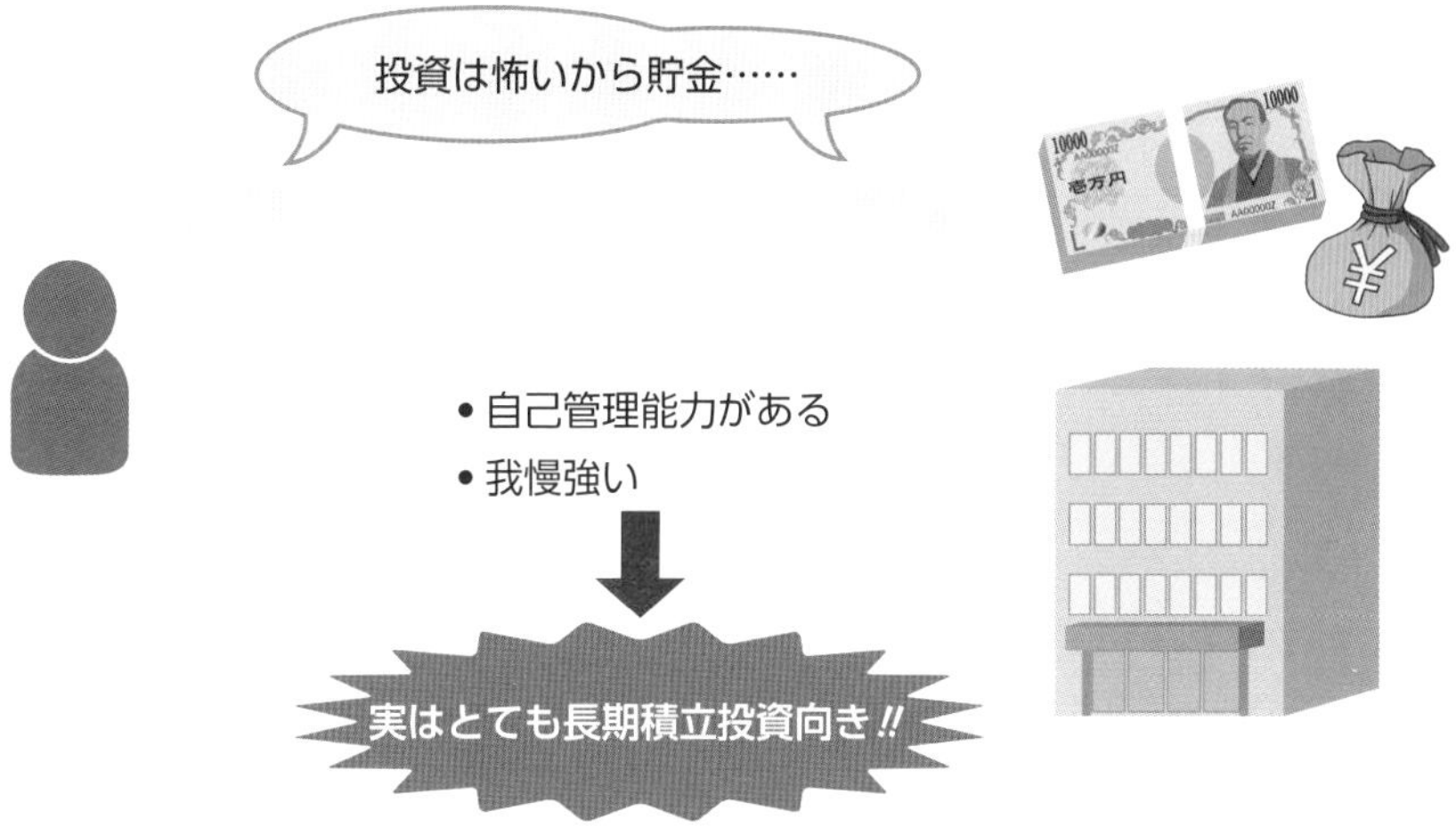
投資は怖いから貯金……
• 自己管理能力がある
• 我慢強い
実はとても長期積立投資向き!!

まとめ 自己管理能力と我慢強さが、投資で成功するカギ

たとえば収入の2割を積立貯金するとしましょう。手取り20万円なら月4万円、30万円なら6万円を貯金に充てることになります。

「収入の2割」を引いた残りで生活していくとなったときに、我慢できない人は「あの4万円があれば」「6万円使えたらどんなに楽か」という方向に頭がいってしまうのです。

その我慢の結果が100万円という少なからぬお金になったとき、抑制のタガが外れて使うほうに走ってしまうのですね。

「この100万円を作るのに、どれだけ我慢したんだよ」「こんなに苦労してたったの100万円ぽっちかよ」「何のために働いているんだ？」と。

一方、貯金が着実にできる人は我慢ができます。4万円も6万円も**「最初からないもの」と考える**ので、迷いが生じる余地がありません。

だからコツコツ貯めてこれた人ほど、積立投資を続けることができ、成功しやすいのです。

20 自己管理能力を身につける思考法

貯金ができる人の思考回路を知ろう

女性のほうが投資で成功しやすい理由

投資マインドを養うために必須であるマネーリテラシーの土台となるのが、お金の管理能力と自己管理能力で、その能力がある人ほど投資で成功しやすいとお伝えしましたね。

どんなに収入があっても、自分の欲に負けて無駄遣いをして「気がついたらもう今月の生活費がない」というのでは何にもなりません。

なまじ収入が多いと「まあ、いいか。また給料日が来ればお金が入ってくるし」と**自分を甘やかせるので、かえってお金が残らない結果になりやすい**のです。

今の時代、「男性が」「女性が」と性別で分けることは憚（はばか）られますが、あえて言わせてください。

これまでの私の経験から、男性よりも女性のほうが投資で成功しやすい傾向がみられます。

男性の場合、早く結果を出したい気持ちが強く、「収入を増やしてどうにかしよう」という考えをしやすいのに対し、女性の場合は収入を増やすというよりも、今あるお金の管理をもっときちんとしてコツコツお金を貯めていこうという発想をする傾向があるからです。

手取りが20万円ほどでも、30歳までに1000万円貯めました、という女性は結構います。

〈手取り20万円で収入の２割を積み立てる場合〉

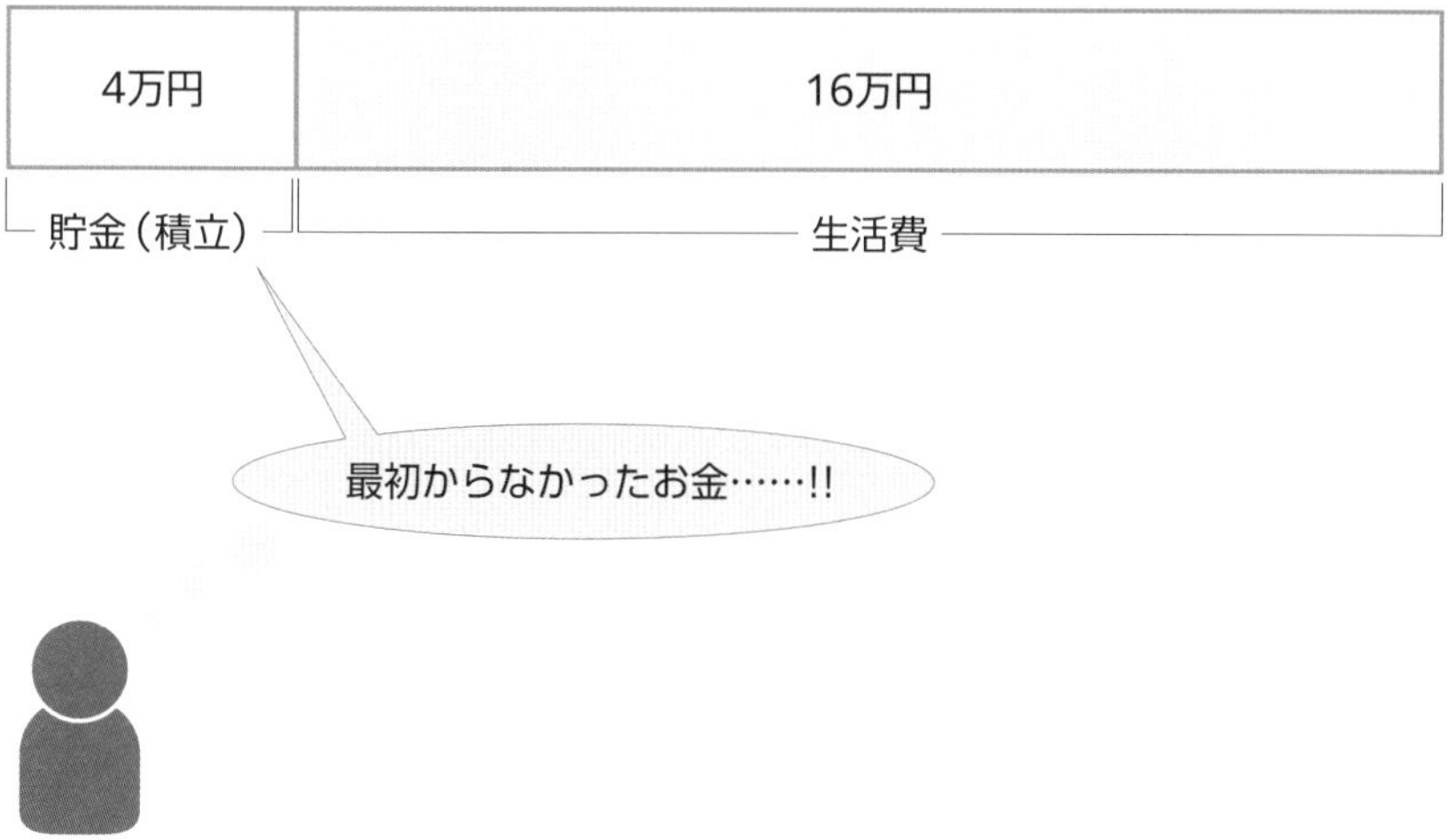

まとめ 一度貯めたお金には、絶対手をつけないでおく

貯金は「ないもの」と考える

大事なのは、貯めたお金を「ないもの」と考えることです。

「ないもの」と思えば、何か欲しいものやしたいことが出てきたとき「あのお金を使おう」という発想にはならないからです。これがお金をコントロールして自己抑制のできる人です。

ところが**お金に振り回され自己抑制ができない人は、貯めたお金のことをいつまでも覚えています。**

欲しいものがあったり、やりたいことが出てきたりしたとき、「あのお金があった！」と思ってしまうのです。

実は私もこのタイプでした。

つい「投資で成功してつくったお金だから、ここで使ってもＯＫ」と自分に許可してしまうのです。

なまじ成功体験があるので、「また投資すればいいか」と考えてしまうのですから始末に負えません。

21 貯めたお金のことを忘れる方法

積立とダイエットの共通点

積立投資はすぐに結果が出ない

あなたがお金を貯められるようになったとしましょう。

でもはっきり言って、毎月10万円ほどの大きな額を積み立てるのでもない限り、積み立てた額が膨れ上がるのには時間がかかります。

一般的に、毎月5万円ずつでさえも積立に回すのはなかなか大変だと思います。

1カ月を4週とカウントした場合、1週間あたり1万2500円の生活費が削られることになります。物価が上がり、賃金はなかなか上がらないという今の日本では、きつくないわけがありません。

にもかかわらず、1年後の積立金額は60万円です。率直に言って、ワクワクするような大金にはなりません。

「あんなに頑張ったのに、たったの60万円か……」

という気持ちになりやすいのです。

目標だけにフォーカスしよう

そこで**一番いい方法は「忘れてしまうこと」**。

これに尽きます。

さらに言えば、**積立の経過は見ずに目標だけを見据えるのがベスト**です。

その点、積立とダイエットは似ているのではないかと思います。

〈積立投資が続く人と続かない人では、気にしていることが違う〉

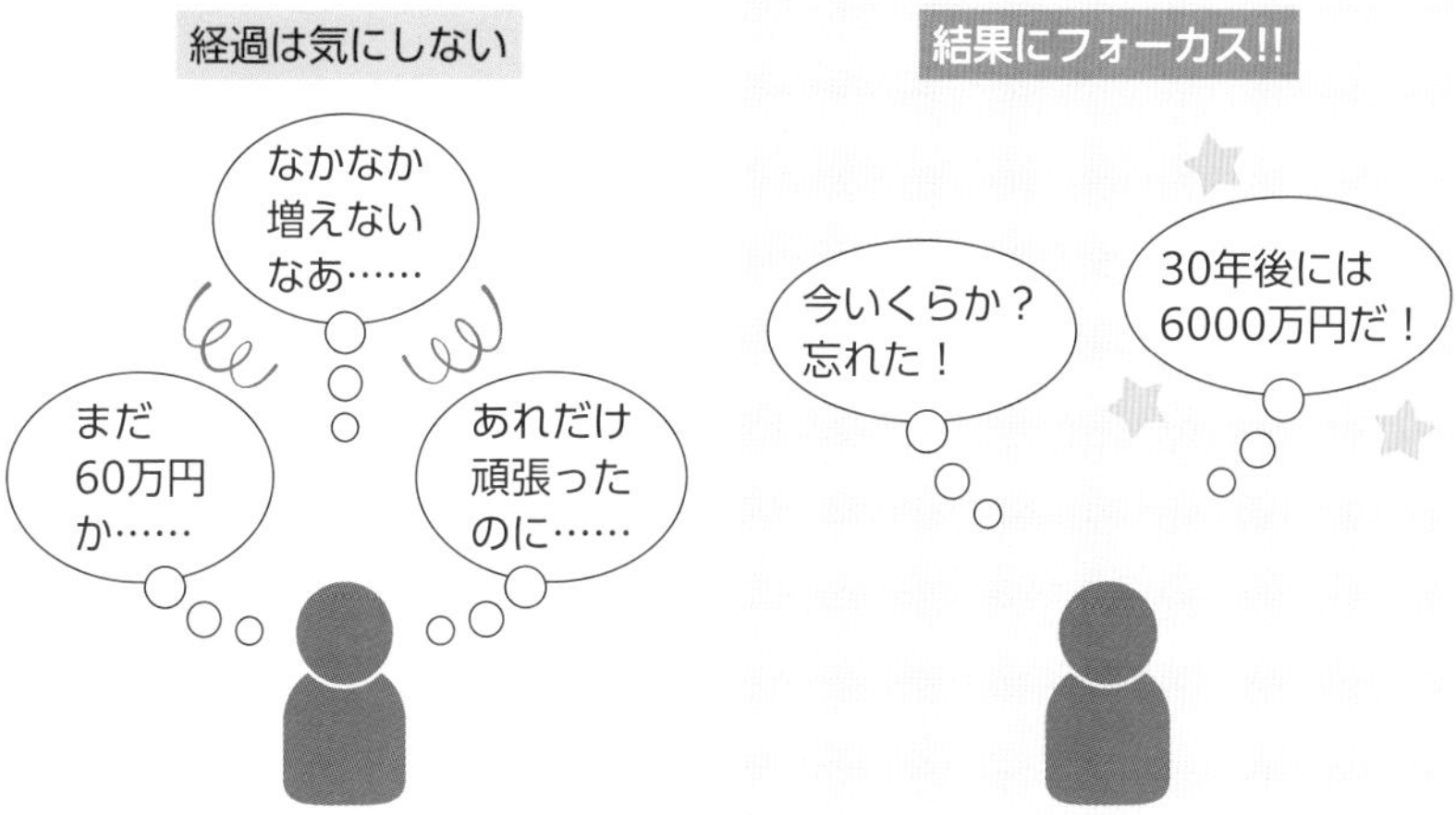

経過は気にしない
なかなか増えないなあ……
まだ60万円か……
あれだけ頑張ったのに……
結果にフォーカス!!
今いくらか？忘れた！
30年後には6000万円だ！

まとめ　「積立の経過」ではなく「積立の結果」にフォーカスする

ダイエット中に朝晩体重を測っているとつらくなってきませんか？　私はなります。

「こんなに食べるのを我慢しているのに、これだけしか減ってない……」

そんな気持ちになりますよね。

この感覚、積立ととても似ていると感じます。

でも目標にフォーカスすると、萎えた気分がとたんにシャキッとしませんか？「痩せた自分」を思い浮かべるとワクワクしますよね。

だから積立をする場合は、**「積立の経過」ではなく「積み立てた結果」に頭を巡らせることが大切**なのです。

積立投資をしている人なら、**将来の「お金の泉」がいくらに膨らむのか、そこから得られる「湧き出るお金」がいくらになるのか**をイメージします。

これは計算サイトを使えば簡単に割り出すことができますので、次項でご紹介しますね。

22 実際に将来の積立結果をシミュレーションしてみよう

簡単に将来の「お金の泉」をイメージする方法

利回りのすごさがわかる⁉

ここでは毎年の積立額60万円（月額5万円）、年利回り7％、積立年数30年という条件で計算しました。NISAという非課税制度を利用することを前提としているため、税金は考慮していません。

年利回り7％は「高すぎだ」と感じられるかもしれませんが、アメリカの代表的な経済指標であるS&P500の平均利回りは、2023年までの30年間で11・2％となっています。決して非現実的な数字ではありません。この条件を踏まえて、どれくらいお金が増えていくかを見ていきましょう。

毎月5万円ずつ積み立てたとして、1年後の金額は元本60万円＋運用益1万９６２９円です。

では翌年はどうなるでしょうか。7％増えたので、元利金合計額は１２８万４０５２円。

3年目は１２８万４０５２円に7％が加算され１９９万６５０５円となります。元本１８０万円に対して増えた額が19万６５０５円です。

こんなふうに積み立てていくと、**10年で865万4240円**。内訳は投資元本６００万円に対して増えた分が２６５万４２４０円。

17年3カ月で2000万円に到達します。銀行貯金だと何年たってもほぼ元本のままですから、お金の泉をつくっていくと湧き出るお金がすごいことがわかってもらえると思います。

〈毎月の積立額５万円、年利回り７％、積立年数30年のシミュレーション結果〉

出典：「積立かんたんシミュレーション」（楽天証券）

積立年数	投資元本(円)	運用結果(円)	運用益(円)
1	600,000	619,629	19,629
2	1,200,000	1,284,052	84,052
3	1,800,000	1,996,505	196,505
5	3,000,000	3,579,645	579,645
10	6,000,000	8,654,240	2,654,240
15	9,000,000	15,848,115	6,848,115
17.3	10,350,000	20,000,542	9,650,542
20	12,000,000	26,046,333	14,046,333
25	15,000,000	40,503,585	25,503,585
30	18,000,000	60,998,550	42,998,550

30年で平均利回り7％は、
現実的な数字！

まとめ　積立の継続さえ守れば、雪だるま式に資産は増えていく！

30年後の金額はというと6099万8550円に達しています。投資元本1800万円に対して増えた金額は4299万8550円となります。

現在35歳の人であれば、黙々と毎月5万円を積み立て年平均利回り7％で運用できれば、**65歳になったとき6000万円の資産がつくれている**ということになります。すごいことだと思いませんか？

地球規模で投資をするという考え方

もちろん7％というのは仮の数値であり、実際にその通りになるとは限りません。ただし過去を振り返った場合、地球上には30年で平均利回り7％を上回る金融商品が存在しているというのも事実です。

日本は経済の低迷に苦しんだ30年でしたが、**地球規模で見ればあちらこちらで経済成長を遂げている**のです。

そうした**成長していく市場全体＝地球に投資するような手法を取れば、特別な投資の才能のある人でなくても、誰もが運用効果を得ることができます。**

この「誰でもできる」というのがポイントです。**もちろんあなたにもできます。**ただし次の3つを必ず守ってもらえれば、という注釈がつきます。

①「自分も投資の世界に入る」という決意を固めること。

②お金の管理と自己の管理をしっかり行って、毎月一定額を積み立て続けること。

③積み立てたお金のことは忘れてしまうこと。

この3つが守れれば、あなたの老後の不安はなくなります。

この章では投資を成功させるためには、知識も大事だが土台となるお金の管理と自己の管理を徹底することがもっと大事、というお話をしました。

次の章では、なぜ積立投資でお金が増えるのかということについて詳しくお話ししたいと思います。

また実際の投資のやり方についてもできるだけ丁寧にご説明していくこととします。

〈楽天証券の「積立かんたんシミュレーション」を使って、30年後の積立金額を計算した画面〉

出典：「積立かんたんシミュレーション」（楽天証券）

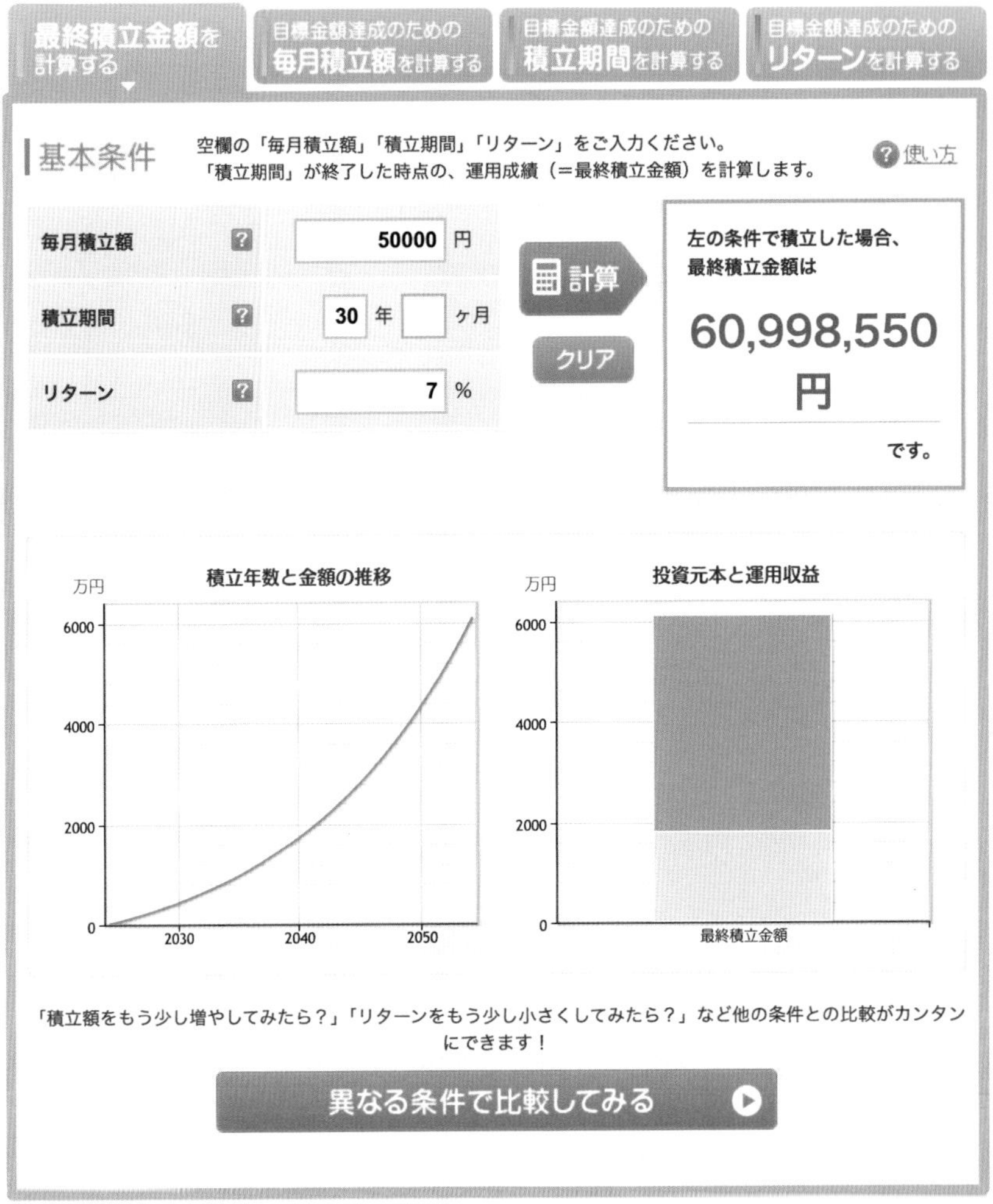

column 3

投資の世界も、基礎と準備を大切に

知識ばかりつけても成長しない

スポーツでも楽器の演奏でも、プロの人ほど基礎を大切にします。

スポーツの場合はケガを予防する意味でもストレッチを念入りに行いますし、ピアニストやヴァイオリニストは音階から一日の練習を始めると聞きます。

投資もそれと同じだと考えてください。

大切なのは基礎であり、この場合の基礎というのは「毎月コツコツ一定額を積み立て続けること」に他なりません。

くれぐれも最初から投資の手法について知識だけ増やし、いたずらに焦ることのないようにしましょう。

考えてみてください。サッカーもピアノもいきなりサッカー理論やピアノ理論を学ぶという方向にはいかないのではないでしょうか。

というか、サッカー理論やピアノ理論ばかり読んでもうまくはなりませんよね。

投資も同様です。

投資初心者の人は、短期投資でバーッと稼ぐのをテーマにしたテクニック本に目が行きがちです。

知識を得れば自分も短期で大儲けできるのではないかと思うのでしょう。

しかし短期投資を行う人であっても、お金の泉をつくり、お金が湧き続ける「王道の投資」を怠ってはいけません。

必要なのは積立継続の決意と天引きの準備

本章でお話ししたように、投資をする上で一番大切なのは何があっても自分が決めた額を毎月積立に回していくことです。

もしもあなたがすでに月収3カ月分以上の預貯金を持っているのならば、すぐに投資を始めてもいいでしょう。

逆に預貯金が月収3カ月分に満たない人は、まずその分の預貯金を積立でつくることをおすすめします。

預貯金のメリットはすぐに現金が引き出せるということです。

人生、何が起こるか一寸先は闇です。もしかしたら明日、まとまったお金が必要になるかもしれません。

そんな不測の事態に備えて月収3カ月分くらいをすぐに引き出せる状態にしておくと、安心感が違ってきます。

こうして自分に安心感をもたらすことも、自己管理の一環として大切なことです。

もちろん、この月収3カ月分の預貯金は、みだりに下ろして使ってしまうのは厳禁です。あくまでも不測の事態に備えるためのお金として「ないもの」と思って生活するようにしましょう。

〈例〉

①使わないお金（もしものときのお金）
……月収の3カ月分（これだけあれば安心という金額）

②使うお金
……旅行資金などの積立
将来必要になる資金（車、住居、教育など）の積立

③将来のお金
……資産運用へ

全収入の2割を①と③に充て、残り8割の生活費の中から②を貯める。

積立は天引きが原則

積立投資も月収3カ月分の預貯金をつくるための積立貯蓄も、給与からの天引きで行うようにしましょう。

先ほどから繰り返しお伝えしているように「残ったお金を積み立てる」というのはNGです。

「残ったお金」と思っているうちは、お金をつくれていない、お金をコントロールできてないと考えてくださいね。

月収3カ月分の貯蓄がない人は、今すぐ給与が振り込まれる銀行口座で天引き預金の手続きをするようにしましょう。

できれば1カ月の収入の2割、少なくとも1割を給料日直後の日付を指定して、天引きで積み立てられるようにします。

ボーナスのある人は、2月と8月など特定の月を指定して、いつもより多く積み立てるようにしてもいいでしょう。

積立投資をする場合は、クレジットカードを使うという方法もあります。

設定さえすれば毎月自動でクレジットカードから一定額が引き落とされ、積み立てられます。

給与口座から証券会社の口座に送金する手間が省けますし、証券会社によってはクレジットカードを連携することで、ポイントが多く貯まる場合もあります。

証券会社での口座の開設方法などについては、次章でお伝えしていきますね。

第4章

NISA口座を開設して長期投資を始めよう

23

時間を分散させるのが、なぜとても重要なのか

どんな株価にも暴落する可能性がある

投資先の分散でリスクを減らす

前章で、投資で成功するにはお金の管理と自己の管理をしっかりとすることが大切というお話をしました。

本章では、投資初心者に最適な投資プランについてお話ししていきたいと思います。

安心安全に投資を続けるには、忘れてはならない原則があります。それはすでに第2章でご説明した「分散投資」です。

1つの投資先にすべてのお金を投じてしまったら、投資先が倒産したり経済状況が悪くなったりしたときに、最悪の場合、評価額がゼロになって全財産を失うハメに陥ってしまいます。

そして、投資先の分散だけでなく、投資のタイミングを分散する「時間分散」をすることも大切です。

時間の分散でリスクを減らす

第3章の終わりで、アメリカ株の主要指数であるS&P500というインデックスファンドの30年間の年平均利回りが11・2%だというお話をしました。

とはいえこの**経済指標が30年間、ずっと右肩上がりだったかというとそんなことはありません。**

グラフを見るとわかるように、2000年代初頭のITバブル崩壊や、2008年9月のリーマン

30年間で3度の暴落があっても、年平均利回りは11.2%を記録したS&P500

出典：「NYダウへのおすすめ投資方法」（マネックス証券）を基に作成

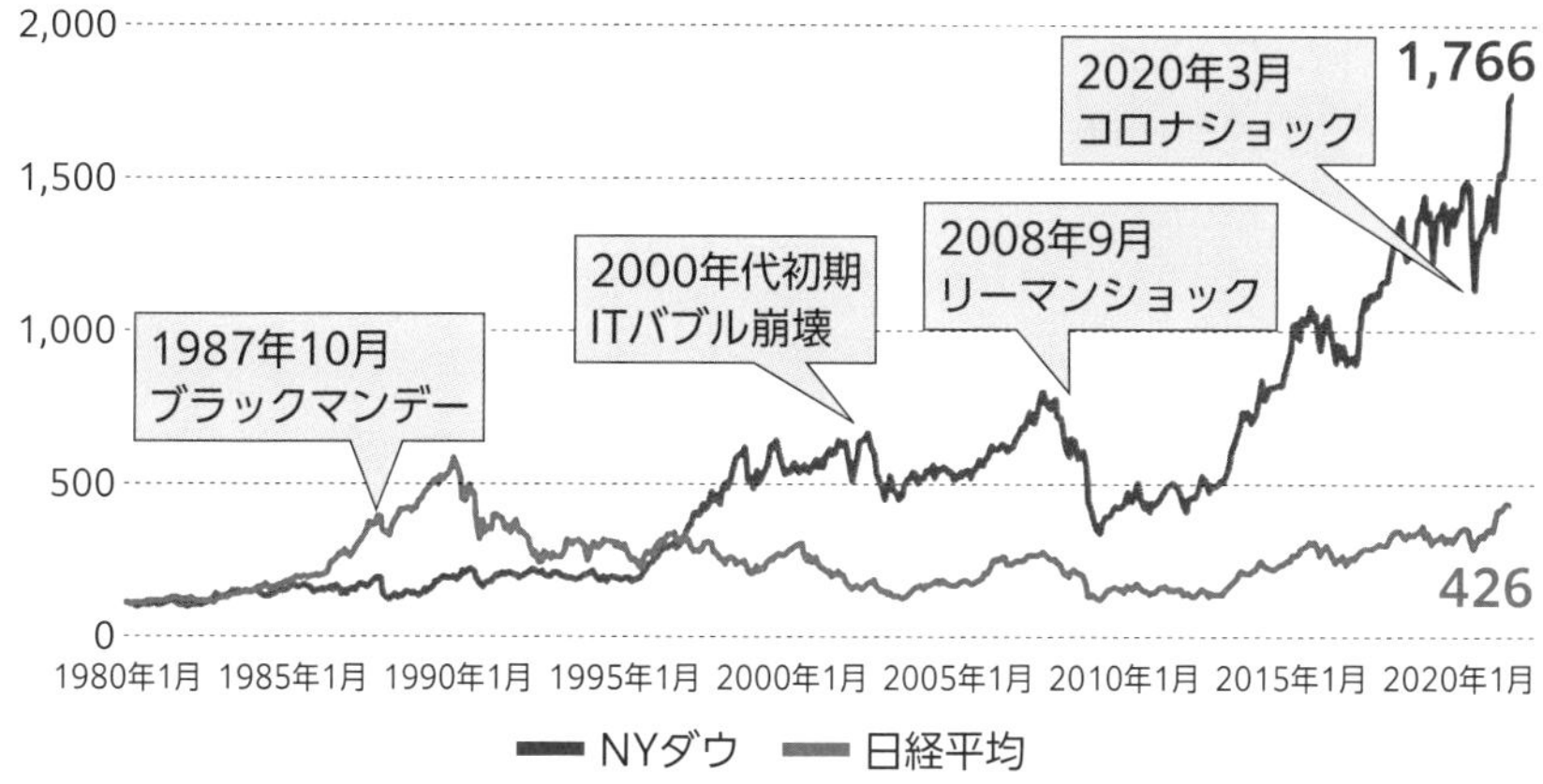

まとめ 上がり下がりはあるものなので、いつ始めるかは気にしなくていい

ショック、2020年3月のコロナショックなど、経済状況が悪化するとマイナス成長になっています。

しかしこの**3回の暴落込みで、S&P500の利回りは11・2%です。**

私の経験ではアメリカだけではなく、どこの国の株価も10年に一度ぐらいのサイクルで暴落があります。

要は10年の間に高値と安値があるということです。

であるなら、積立を10年すれば高値でも買付するし、安値でも買付をすることになるのですから、どの時期にスタートしてもそれほど差はないということです。

買付価格が平準化されるには、積立を15年以上続ける必要があると言われています。

24

タイミングを考えるより、積立期間を長くしよう

早く始めるほど複利効果でお金の泉は大きくなる

タイミングを考えなくていい投資

たとえば、リーマンショックの直前に「投資を始めよう！」と思い立ち、投資をした人は、一時的に大きな含み損を抱えることになります。

逆にリーマンショック後、株価暴落からの上がりはじめに投資を始めた人は、大きな含み益を得られることになります。

このため多くの人が「株を買ったら下がり続けた」という高値づかみは避けたいし、「株を買ったら上がり続けた」というタイミングで投資を始めたいと考えます。

確かに、株を一度にまとめて買うスポット投資ではタイミングは大切になりますが、**毎月定額を買い付けていく積立投資では、このタイミングを気にする必要がありません。**

投資のチャンスは、今！

株式投資では、ある一定の期間の中で最も安いときを「底値」、最も高いときを「天井」と言いますが、積立投資では**「底値や天井のタイミングは誰にもわからない」**と考えてください。

実際、「今が底値だろう」と思って買っても、そこからまたどんどん下がっていくことはありますし、「今が天井だろう」と思って様子をみていると、そこからどんどん上がっていくこともあります。

〈積立投資において、株価の値動きを読もうとする必要はない〉

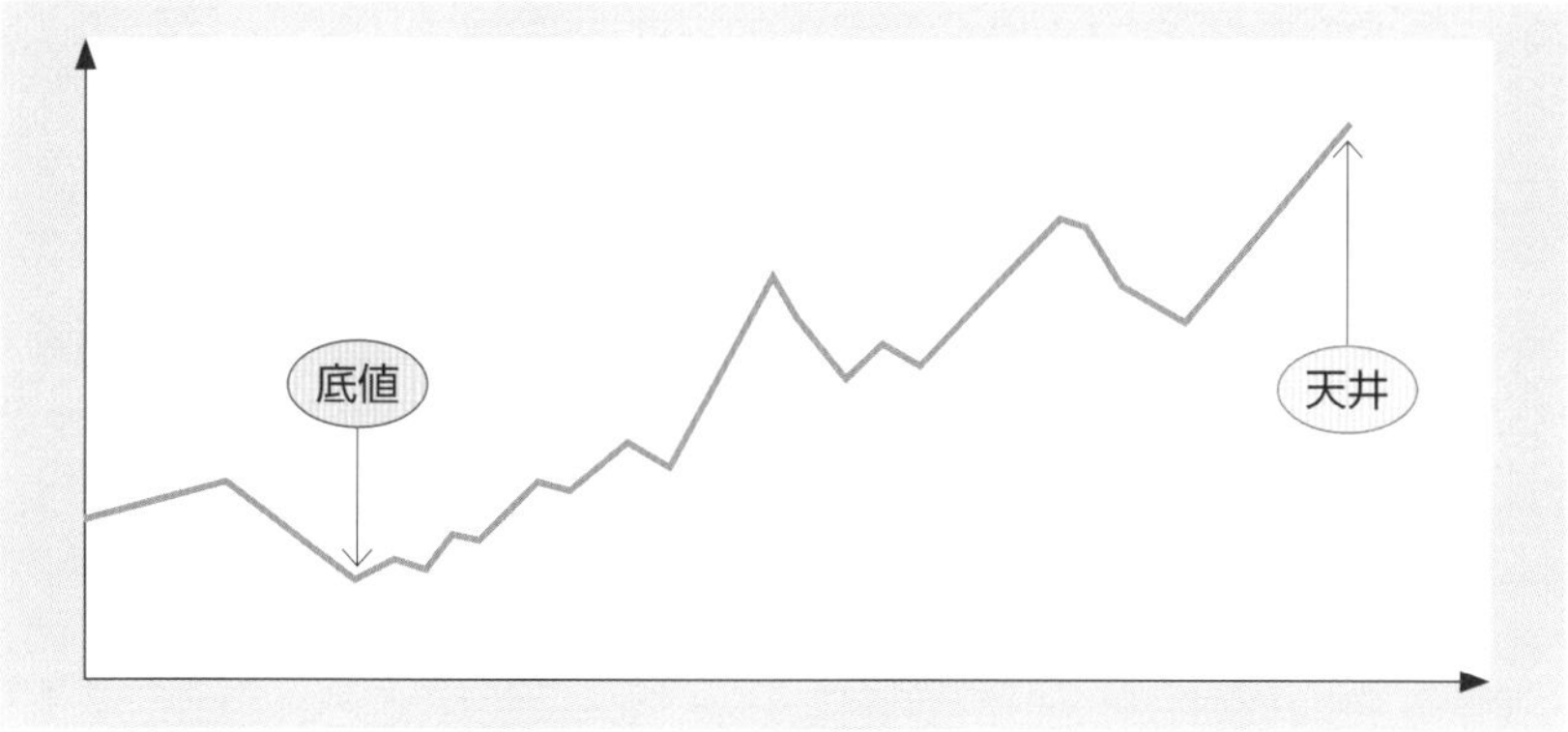

- 底値がいつになるかは、誰にもわからない
- 株価が高くなった後でも、投資を始めるのに「遅い」ということはない
- 投資を始めるタイミングを気にするより、とにかく早くスタートさせる

また、「含み損を抱えるのはイヤだ」と思っている人は、株価が高くなり始めると「もう遅いんじゃないか」と投資をためらってしまいます。

でも**「遅いかどうか」はわかりません。悩んでいるいるうちに時間は無情にも流れ去り、投資チャンスを失ってしまいます。**

第3章の試算結果を覚えていますか？　月々5万円、7％複利で30年間運用できれば、6000万円の資産ができましたね。

タイミングを気にするより、投資期間を長くする方が複利効果でお金の泉は大きくなるんです。

人それぞれ積立金額の限度は異なるので一概には言えませんが、投資をするかしないかで30年先の資産状況が大きく違ってくるのは間違いありません。

「タイミングが……」なんて言っていないで、なるべく早く始めるべきです。

毎月一定額を積み立てる方式にすれば、底値や天井を気にして迷う余地もありません。

25 ドルコスト平均法とは？

初心者の長期投資に最も適した投資方法

自己判断は不要でメリット大

時間分散をして、なるべく安心安全に資産形成をしようとすると、おのずと投資期間が長期にわたります。

景気は良くなったり悪くなったりを繰り返すものですが、投資する時間を分散させることで株価暴落のリスクを軽減することができるからです。

積立投資では、一定の期日ごとに一定額の金融商品を買い付けていくことになります。

このように、**一度に多くの金融商品を買うのではなく、一定額に分割して買う投資方法を「ドルコスト平均法」といいます。**

高値づかみを避けることができる

この買い方なら、金融商品が高い時には少しの口数（売買単位のこと）しか買うことができませんが、安いときは多く買うことができます。

分割購入することで買った値段（取得単価）が平均化されるため、高いときにたくさん買ってしまう「高値づかみ」を避けることができるというわけです。

誰にもわからない天井や底値のタイミングを考えるより、積立投資を早めに始め、運用期間を長くするほうが複利効果でお金の泉は大きくなるのです。

〈ドルコスト平均法のイメージ〉

出典：「ドルコスト平均法とは？積立投資のメリット・デメリットを分かりやすく解説」（COCO the Style）を基に作成

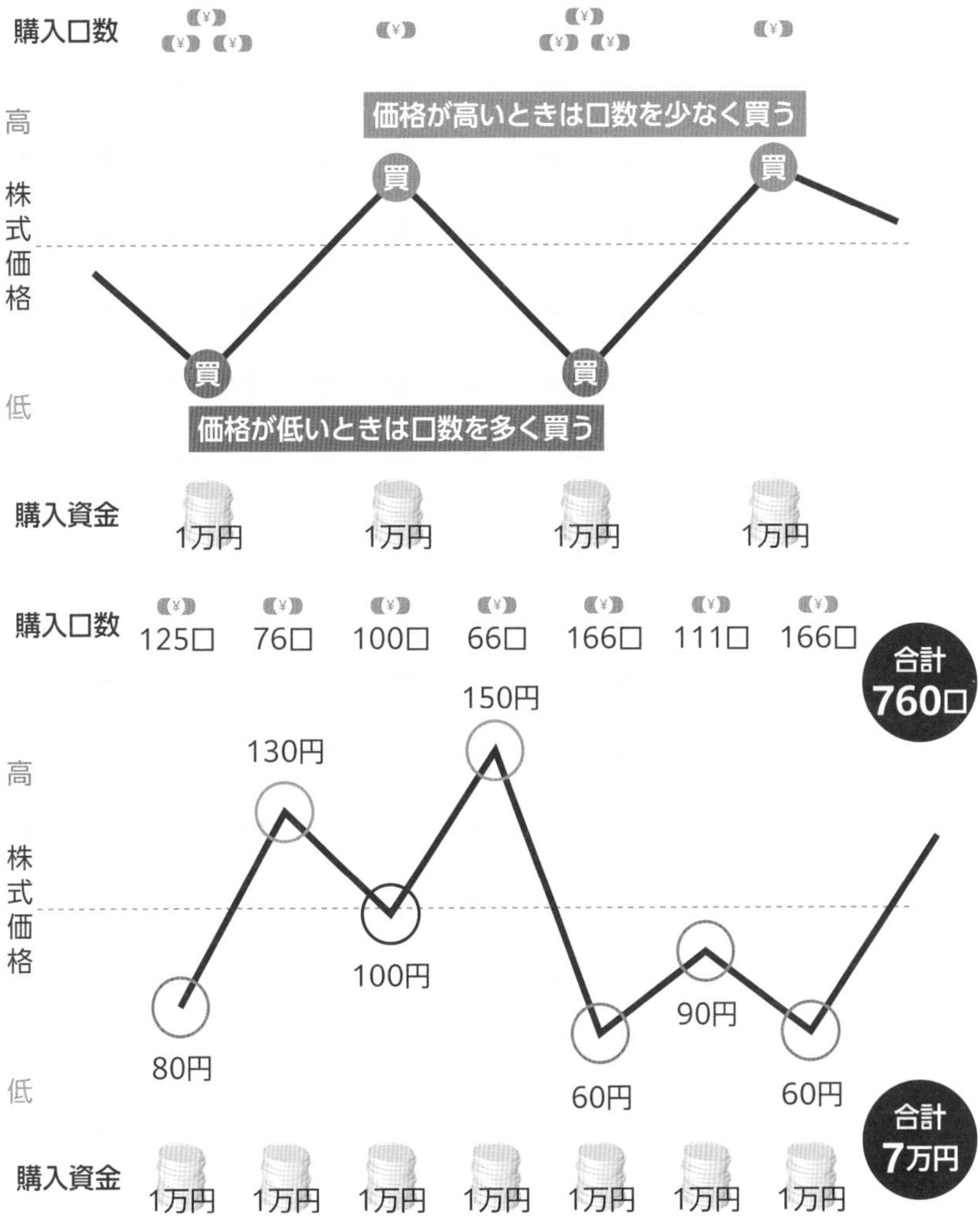

平均購入額　7万円÷760口＝92.1円

まとめ　平均購入単価が安定することで、リスクが軽減され、運用益も安定する

26 あっと驚く「複利」の効果

生まれた利子が元本に組み込まれる！

長期投資で資産が膨大になる理由

第3章の最後に、驚くような積立資産の結果を見ていただきました。

毎年60万円ずつ積み立てていくと、合計額は「60万円×30年＝1800万円」となります。

それを利回り7％で複利運用できれば、30年後の資産額は約6100万円です。

どうしてこんなに大きな金額になるのでしょうか。

それは**「複利運用」がポイントになっています。**

順番にご説明しましょう。

単利と複利で生じる差

預貯金の利息や投資の配当・分配金などの利益の運用方法には「単利」と「複利」があります。

単利は投資期間中、運用元本に対する分だけしか収益が得られない運用方法です。

一方、**複利は利益を再投資するので、運用期間が長くなるほど収益がとても大きくなります。**

この例でいえば、投資元本自体が7％ずつ大きくなっていくため、年数が経てば経つほど大きな投資効果が得られるようになっていきます。

ではどれくらい差がつくのか、次ページで数字を見てみましょう。

〈単利と複利の違い〉

単利

年間の利子（金額）は一定のまま、年数×利子が増えていく。

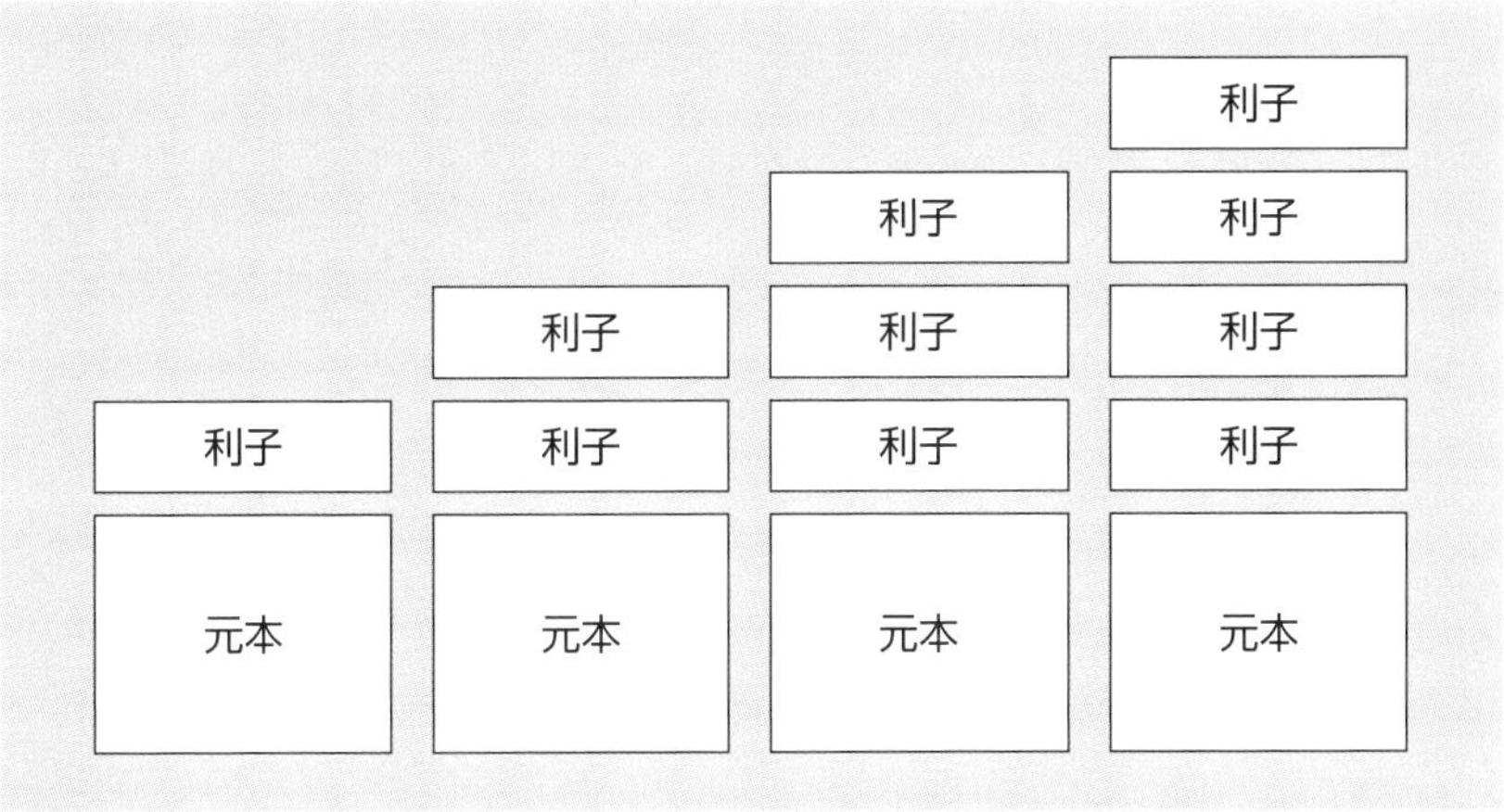

複利

増えた利子が元本に組み入れられ、増えた元本に対してまた利子がつく。
元本が毎年増えるので、利子も比例して増えていく。

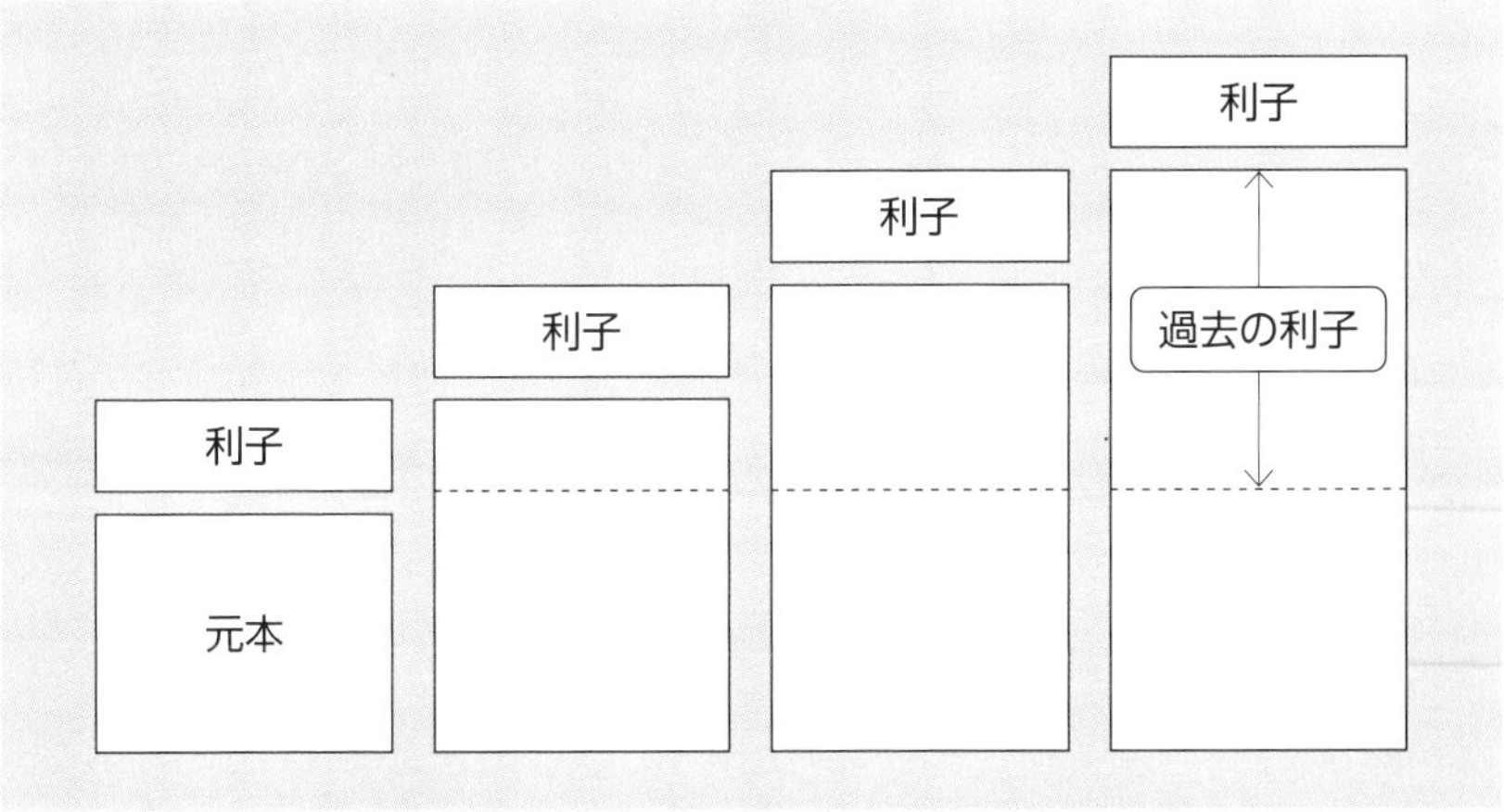

まとめ 年数が経つほど、複利は威力を発揮する

ここでは元本を60万円とします（計算方法は左ページ図を参照）。

運用期間が5年の場合

単利で得られる収益＝21万円
複利で得られる収益＝約24万円

5年だけでも差はつきますが、期間が短いのでわずか3万円の差です。

運用期間が30年の場合

単利で得られる収益＝１２６万円
複利で得られる収益＝約３９７万円

元本込みで比べると、
単利では60万円が合計１８６万円
複利では60万円が合計約４５７万円

元本の金額が同じでも、「単利」と「複利」の運用方法が違うだけで、これだけ大きな差がついてしまうのです。

複利運用の良さはわかっていただけましたね。

複利＋長期積立は最強！

複利運用をすると資金が増えやすいのですが、長期の積立で元本を増やすと、複利の効果を最大限活かせます。

複利は「元本が大きく、期間が長い」ほど効果が大きくなるので、長期の積立投資で生まれるお金も大きくなるんです。

これが、私が長期の積立投資をおすすめする理由です。

積立を始めたばかりのころは「地道に頑張っているのに、なかなかお金が増えないな」と感じるかもしれません。

でも**長い時間続けていると、必ず「やっておいてよかった」と思うくらい、まとまった金額になり、それがお金の泉になります。**

〈運用期間30年における単利と複利の比較〉

単利 運用した元本は一定のままなので利子の金額も一定（元本60万円×7%＝42,000円）。
年を追うごとに利子合計は増える

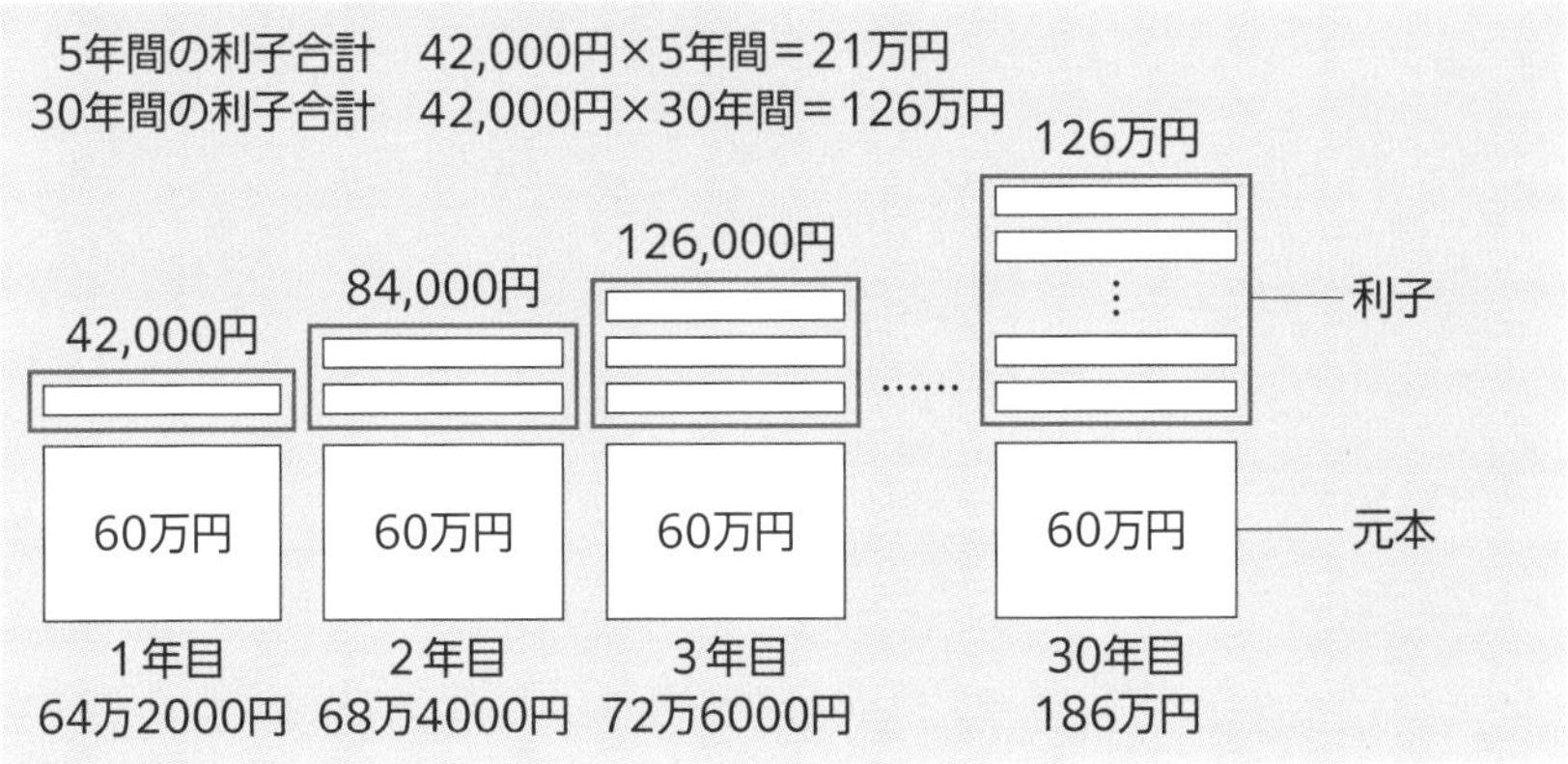

複利 増えた利子が元本に組み入れられ、増えた元本に対して利息がつく。
元本が毎年増えるので、利息も比例して増えていく

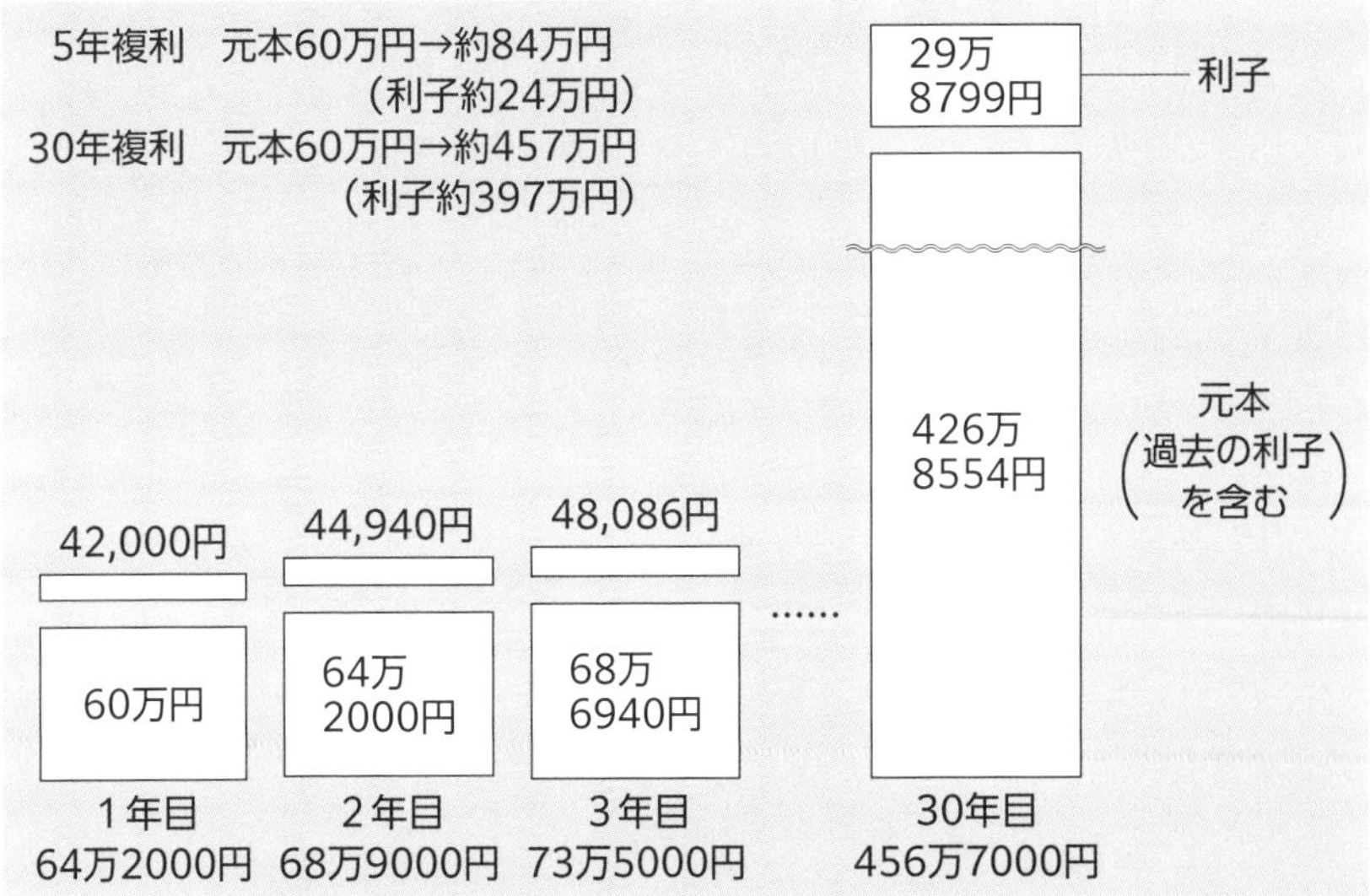

まとめ 長期積立で、元本は想像以上に膨れ上がる！

27

投資信託の積立を始めよう

お試し感覚で100円から始めるでもOK！

始める&慣れることを優先する

ここまで何度か、リスク分散のために時間、資産、地域を分散するのが望ましいという話をしたのを覚えていますか？

投資する「資産」は〝現金・債券〟〝株式〟〝不動産〟〝コモディティ〟へ分散、

「地域」も日本だけなく海外にも分散、

「時間」の分散もするという話でしたね。

時間に関しては積立投資をすることで分散できるということをご理解いただけたと思います。

ただ、〝4資産〟や〝地域〟への分散までになると　頭が混乱して不安な人も多いと思います。

そこで、**まずは始めることを優先して「株式資産の投資信託」からスタートすることをおすすめします**（銘柄は後でお話しします）。

お試し感覚で100円でいいから積立をしてみてください。

積み立てる銘柄はいつでもストップできますし、銘柄の変更や追加もいつでもできるので、**最初から完璧を目指すのではなく、始める&慣れることを優先してください。**

慣れてきてから債券、不動産、コモディティへの資産分散を考えていただければ問題ありません。こちらの資産にも投資信託があります。

〈投資先の分散は慣れてきたらでOK〉

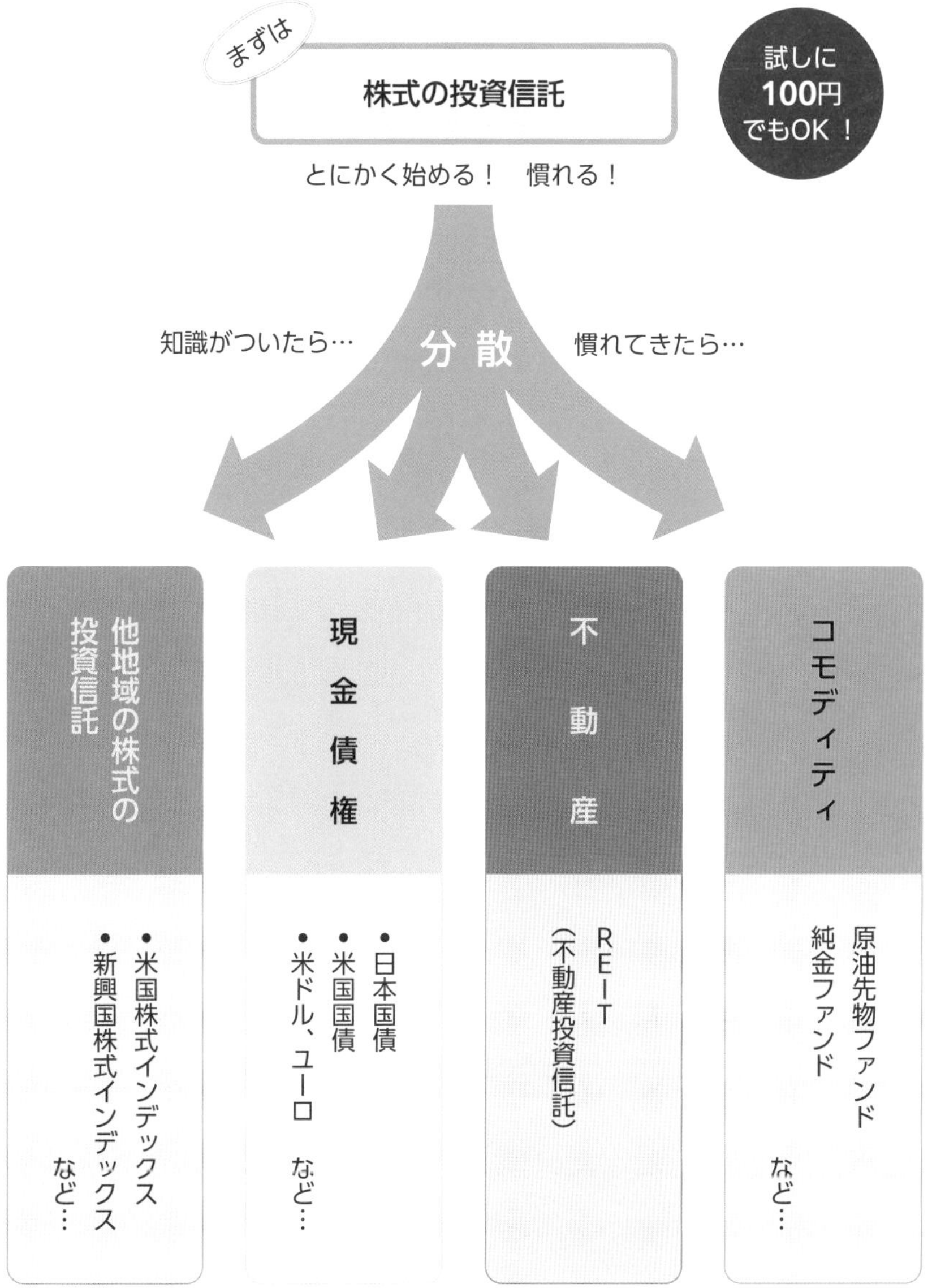

まとめ 最初から完璧を目指さず、始める＆慣れるを優先しよう！

そもそも投資信託って？

「投資信託」という名前は誰でも一度は目にしたことや聞いたことがあるのではないでしょうか。

投資信託というのは、**多くの人から集めたお金をまとめて大きなお金にしたものを、専門の機関を通じて投資し、そこで得た収益が投資した人に分配金として分配される金融商品です。**

投資信託には、次の3種類の会社が関わっています。

投資家の窓口となってお金を集めたり、分配金の支払いなどを行ったりする証券会社や銀行などの「販売会社」。

実際に投資家から集めたお金をもとにファンド（投資信託）をつくったり、実際の運用を担当する受託会社に運用の指図をしたりする「委託（運用）会社」。

運用会社の指図をもとに資金を株式や債券などに投資して資産を管理する「受託会社」の3つです。

仮に投資信託にたずさわる各機関が破綻したとしても、投資家が預けたお金は、投資額にかかわらず制度的に守られるようになっています。

預貯金とは異なり、投資信託を保有している期間、「信託報酬」という名のコストがかかります。また、投資信託の種類によっては「売買手数料」がかかる場合もあります。

そのため、投資信託を選ぶにあたってはこれらのコスト面を考慮することが必要になります。

投資信託の種類

投資信託にはいくつかの分類方法があります。

・投資対象による分類

何に投資するかによる分類です。

実のところ、**投資信託には多くのバリエーションがあります。**

株や債券、不動産をはじめとして、金や原油など

〈投資信託のしくみ〉

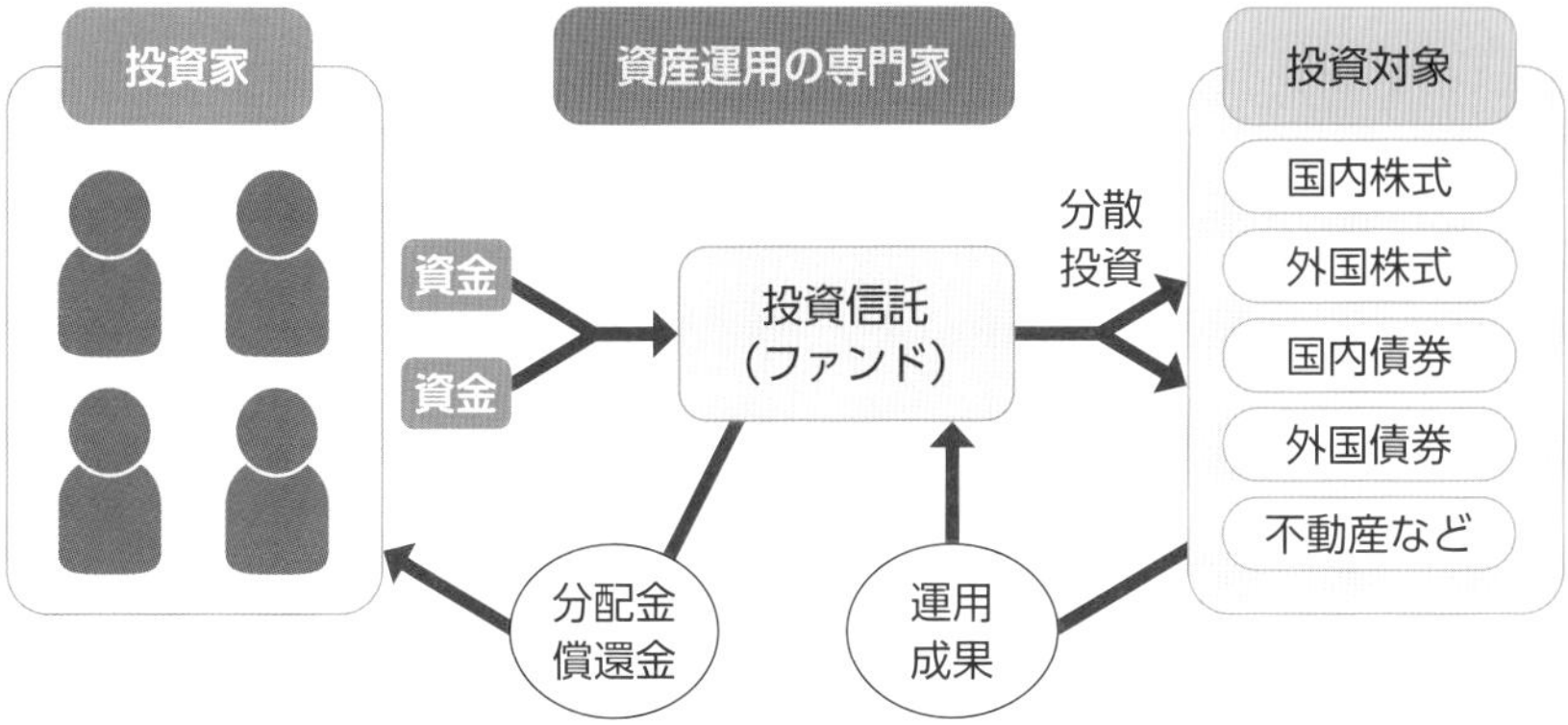

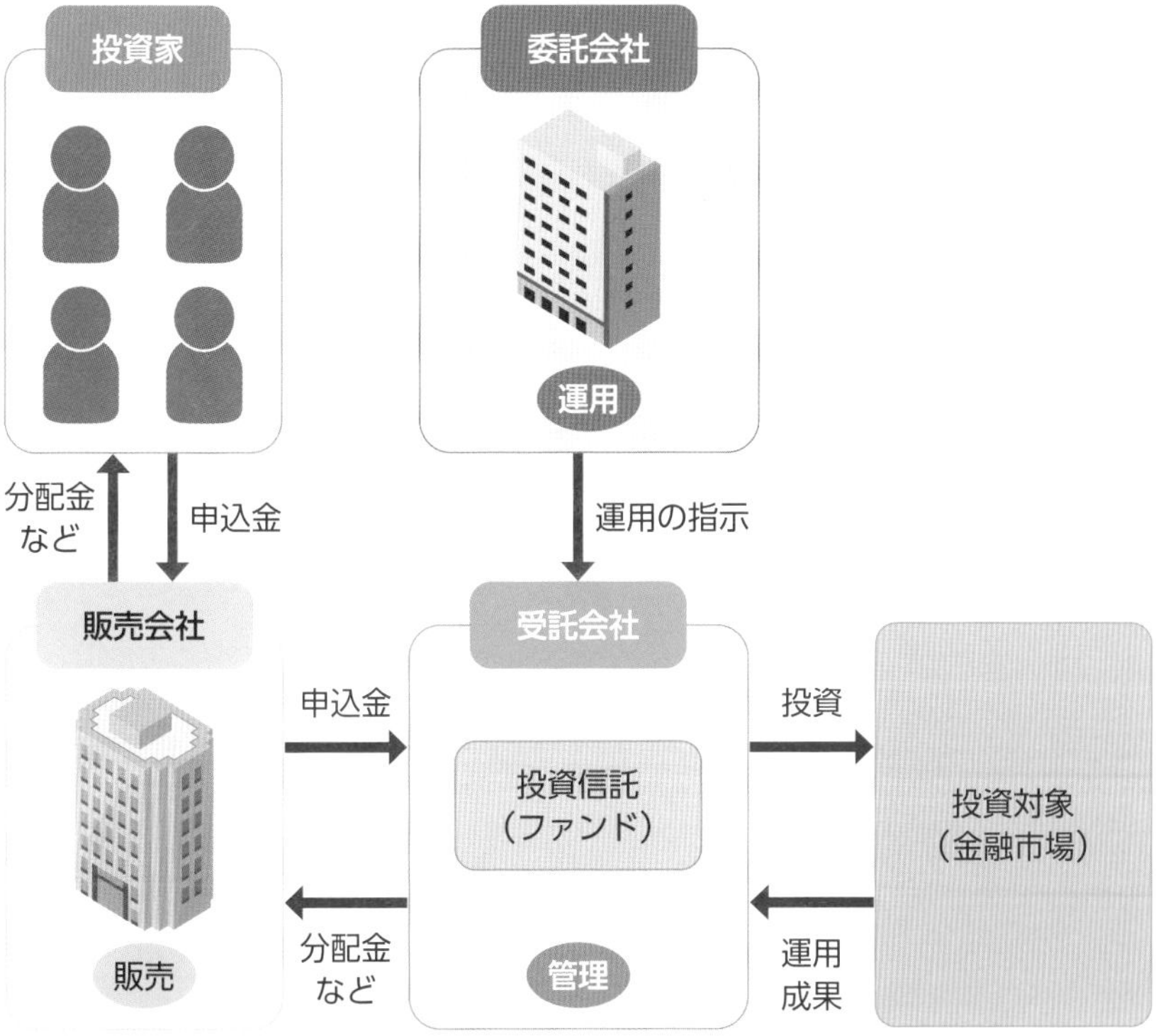

まとめ 少額の資金で、おまかせで分散投資ができるのが投資信託！

のコモディティ、さらにはビットコインのような暗号資産に投資するものも。

また投資先の国も、日本だけに投資するものやアメリカだけに投資するもの、先進国に投資するもの、アジアなどの新興国に投資するもの、さらには世界中に投資する投資信託もあります。

加えて、「国内の株と債券、外国株と外国債券に25%ずつ」など、複数の資産に投資する「バランス型」と呼ばれるものもあります。

・投資目標による分類

また、投資信託を運用する際に目標とする基準によって分類する方法もあります。

この分類では投資信託は「インデックス型」と「アクティブ型」に分類されます。

・インデックス型

株価指数などのベンチマークと同じ値動きを目指す投資信託を「インデックス型」といいます。

ベンチマークの代表的な例としては、日本国内であれば**日経平均株価、TOPIX（東証株価指数）**など、

米国株であれば**S&P500やNASDAQ（ナスダック）**などが挙げられます。

市場の動きと連動したパフォーマンスになるため、投資初心者にとってはわかりやすい投資信託といえるでしょう。

また投資にあたっての銘柄選定等が不要で運用に人手がかからないため、**運用にかかるコストが相対的に低い**という特徴もあります。

インデックス型の投資信託には、売買手数料がかかりません。

この売買手数料不要の投資信託は「ノーロード型」と呼ばれます。

保有している期間、信託報酬が必要になりますが、次にご紹介する「アクティブ型」に比べると低くなっ

〈投資信託の種類〉

	株式	債権	不動産
国内	国内株式	日本債権	国内不動産
海外	先進国株式 新興国株式	先進国債権 新興国債権	外国不動産

バランス型

ています。

・**アクティブ型**

インデックス型がベンチマークに連動するのに対し、株価指数などのベンチマークを上回るパフォーマンスを目指す投資信託が「アクティブ型」です。**よいパフォーマンスを出すために、運用会社では日々、銘柄（企業）の調査や分析を行い、組み入れ比率を変えるなどさまざまな運用手法を活用しつつ、**投資信託を運用しています。

当然、運用にはコストがかかるので、インデックス型に比べると信託報酬は高めになります。

また多くの場合、インデックス型ではかからなかった売買手数料もかかります（「ロード型」と呼ばれます）。

28

おすすめはインデックス型

お金の泉を育てるのはこれ！

インデックスファンドは経済指標に連動した値動きをします。

日本の主要な経済指標である日経平均株価が、2024年3月4日に史上初の4万円台超えを果たしました。

日経平均株価は「日経平均225（一般的な読みは「にっけいへいきん・にーにーご」）とも呼ばれ、東証プレミアム（昔の「東証一部」）に上場している約2000銘柄のうち、活発に取引され流動性の高い225銘柄の会社を、日本経済新聞社が選定して算出しているものです。

日経平均株価に組み入れられている銘柄は、日本企業のトップ225社の集合体ともいえます。

これほど分散に向いた投資はない

私がこの本でみなさんにおすすめしたいのは、インデックス型（＝インデックスファンド）による投資です。

理由は単純で、**投資先の分散投資&時間の分散投資（＝長期投資）にこれほど向いている金融商品はないから。また、一度設定すれば手間なしで運用でき、運用コストが安い**というのもあります。

順番にご説明していきましょう。

投資先の分散に向く理由

まず、「分散投資」の要素からいきましょう。

〈インデックス型とアクティブ型の違い〉

	インデックス型	アクティブ型
運用方針	特定の指数に連動した値動きを目指す	特定の指数を上回る運用成績を目指す
値動きのイメージ	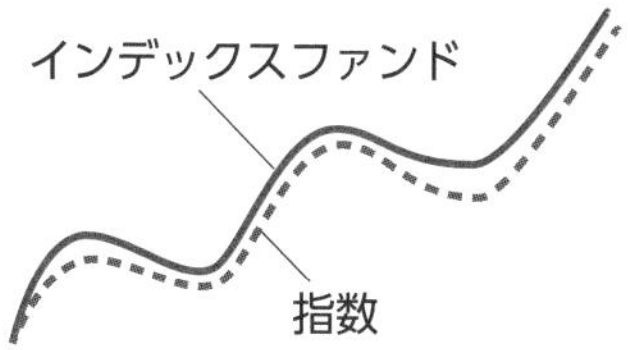	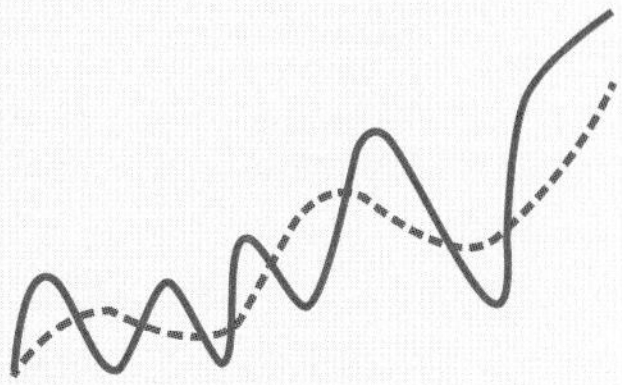
ファンドによる違い	同じ指数に連動するものなら、運用成績にあまり差はない	商品によって運用成績に大きな差が出る
コスト	安い	高い

これに連動した動きをするインデックスファンドに投資するということは、**日本を代表する企業225社に分散投資するのとイコール**といえるわけです。

整理すると、

経済指標はそもそも国を代表する優良銘柄の集合体である

↓

インデックスファンドはその「優良銘柄の集合体と同じ値動きをする」

↓

インデックスファンドへの投資は、すなわち**国を代表する優良銘柄への「分散投資」になる。**

という理屈が成り立ちます。

以上の理由で、「分散投資効果」はバッチリだということがおわかりいただけたことでしょう。

時間の分散＝長期投資に向く理由

投資信託は積立投資が可能です。

預貯金の自動積立をした経験がある方は少なくないと思いますが、投資信託も一度手続きをしさえすれば、毎月一定期日に一定額の積立投資ができます。

なかでもインデックスファンドは売買手数料がかからず、保有している期間にかかる「信託報酬」の額もアクティブファンドに比べると割安です。

たとえば個人投資家に人気の高い、米国のS&P500に連動した「eMAXIS Slim（イーマクシススリム）米国株式（S&P500）」というインデックスファンドは、買付時に手数料なしで購入可能で、信託報酬は年間保有残高の0・09372％です。

一方、アクティブファンドはというと、このところの株高で高い利回りを誇る「日経平均高配当利回り株ファンド」は買付時に販売手数料2・20％がかかり、信託報酬も年率0・693％となっています。

こうして数字だけで見ると「大した差はない」と感じるかもしれませんが、年間60万円を買い付けた場合、前者（インデックスファンド）は買付時の手数料が0円ですが、後者は1320円かかります。後者の場合、ここに前者との信託報酬の差額0・6％が加算されることになるので、さらにコストがかさむことになります。

複利効果によって元金の金額が大きくなればなるほど、信託報酬の額も大きくなっていくので、仮に保有残高が5000万円になった場合、信託報酬の差額は30万円にもなってしまうのです。

しかも毎年、ですよ。

〈個別銘柄への投資と、インデックスファンドへの投資の違い〉

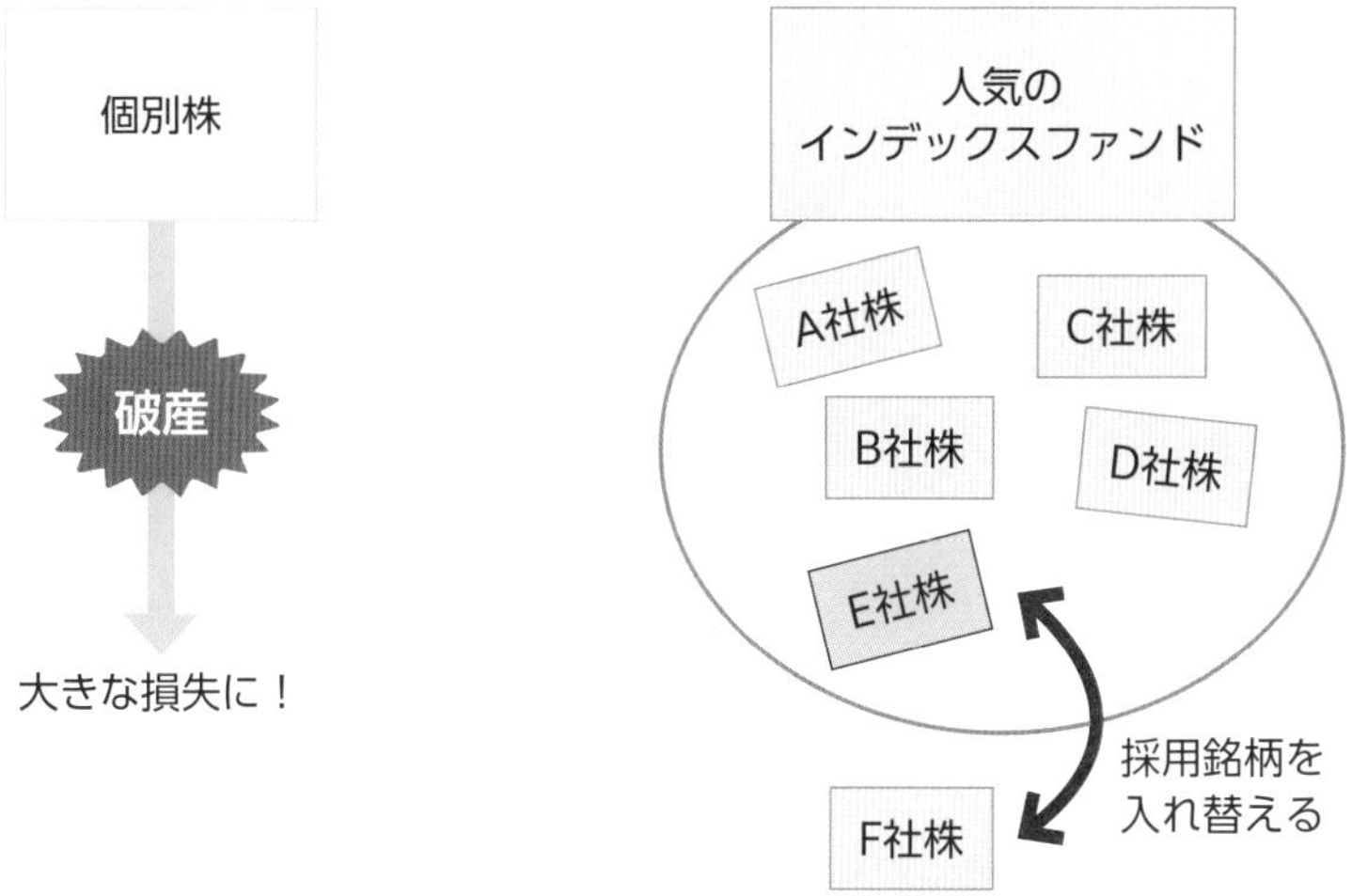

まとめ　インデックスファンドには、安心して長期投資ができる

インデックスは「なくならない」

インデックスファンドにはさらに大きなメリットがあります。

それは**「国が存続する限り、インデックスファンドはなくならない」**ということです

個別銘柄の株であれば倒産する可能性がありますが、日経225やS&P500などのインデックスファンドの場合、**ファンドに採用される銘柄が入れ替えられるだけで、我々には何のダメージもありません。**

国が存続する限り、各国のインデックスファンドがなくなることは現実的にありえないのです。

以上のことから、安心して長い期間投資ができるインデックスファンドには、大きなメリットがあるといえるでしょう。

29 投資信託の買付の仕組み

ドルコスト平均法が成立する理由

投資信託は「基準価額」で売買される

投資信託は「基準価額」で売買されます。

「基準価額」とは投資信託の値段のことで、投資信託の購入・売却時の基準になるものです。

基準価額は1日1回公表され、日々で変動します。株式のように、1分1秒ごとに値段が変動するものではありません。

購入・売却注文が成立するのにかかる日数は投資信託により異なりますが、一般的には、海外市場の投資信託は申し込みの翌営業日、国内市場の投資信託は申し込み当日です。

もう一つ、投資信託の値動きと買える「口数」についてご説明しておきましょう。

これは円とドルとの関係をイメージしていただくとわかりやすいと思います。

たとえば1万円でドルを買えるだけ買いたいと思ったとします。そのとき1ドル100円であれば100ドル購入できますが、1ドル200円だと50ドルしか買うことができません。

投資信託の定期購入でも同じことが起こります。**投資信託の基準価額が高ければ買える口数は少なくなり、逆に基準価額が低いときは買える口数は多くなります。**

平均すると平準化されるので「ドルコスト平均法」になる、というわけです。

〈基準価格とは？〉

出典：SBI証券

$$\text{基準価額}\ (\text{1口あたりの価額}) = \frac{\text{純資産総額}}{\text{総口数}}$$

ファンド名	分類 地域	基準価額 (前日比)	純資産 (百万円)	ファンド レーティング	販売金額 ランキング	比較
三菱ＵＦＪ－ｅＭＡＸＩＳ　Ｓｌｉｍ　全世界株式（オール・カントリー） 積立 NISA(成長) NISA(つみたて)	国際株式 グローバル	24,005 (+89)	3,090,192	★★★★	1 →	☐
三菱ＵＦＪ－ｅＭＡＸＩＳ　Ｓｌｉｍ　米国株式（Ｓ＆Ｐ５００） 積立 NISA(成長) NISA(つみたて)	国際株式 北米	28,331 (+128)	4,228,789	★★★★★	2 →	☐
ＳＢＩ－ＳＢＩ・Ｖ・Ｓ＆Ｐ５００インデックス・ファンド（愛称：ＳＢＩ・Ｖ・Ｓ＆Ｐ５００） 積立 NISA(成長) NISA(つみたて)	国際株式 北米	25,909 (+93)	1,536,879	★★★★	4位↓	☐

ファンドの基準価額は、
一般的に１万口あたりの価額で公表されている

30 今すぐにでもNISAを始めよう

インデックスファンドはどこで買うべき？

NISA口座で始めよう

ここからは「インデックスファンドの積立投資がいいのはわかったけど、どういう口座を使えばいいの？」という疑問にお答えしていきたいと思います。

結論から言うと、**いずれかのインターネット証券のNISA口座を活用して積立を開始してください。**

今、NISAに関する情報が飛び交っているので、みなさんもNISAという言葉自体、一度は耳にしたことがあるのではないでしょうか。

まずは「NISAって何？」というところからお話ししていきましょう。

税金がかからない制度

NISAは**「NISA口座（非課税口座）」を利用して毎年一定金額の範囲内で購入した金融商品から得られる利益に、税金がかからなくなる非課税制度**です。

イギリスの個人貯蓄口座であるISA（Individual Savings Account）をモデルにしたことから、「日本版」の意味で頭に「N」を冠して「NISA」という愛称がつけられました。

通常、株式や投資信託などの金融商品に投資した場合、売却して得た利益や受け取った配当・分配金などに対して、所得税15％、住民税5％、期間限定

〈NISAの仕組み〉

出典：「NISAを知る」（金融庁）を加工して作成

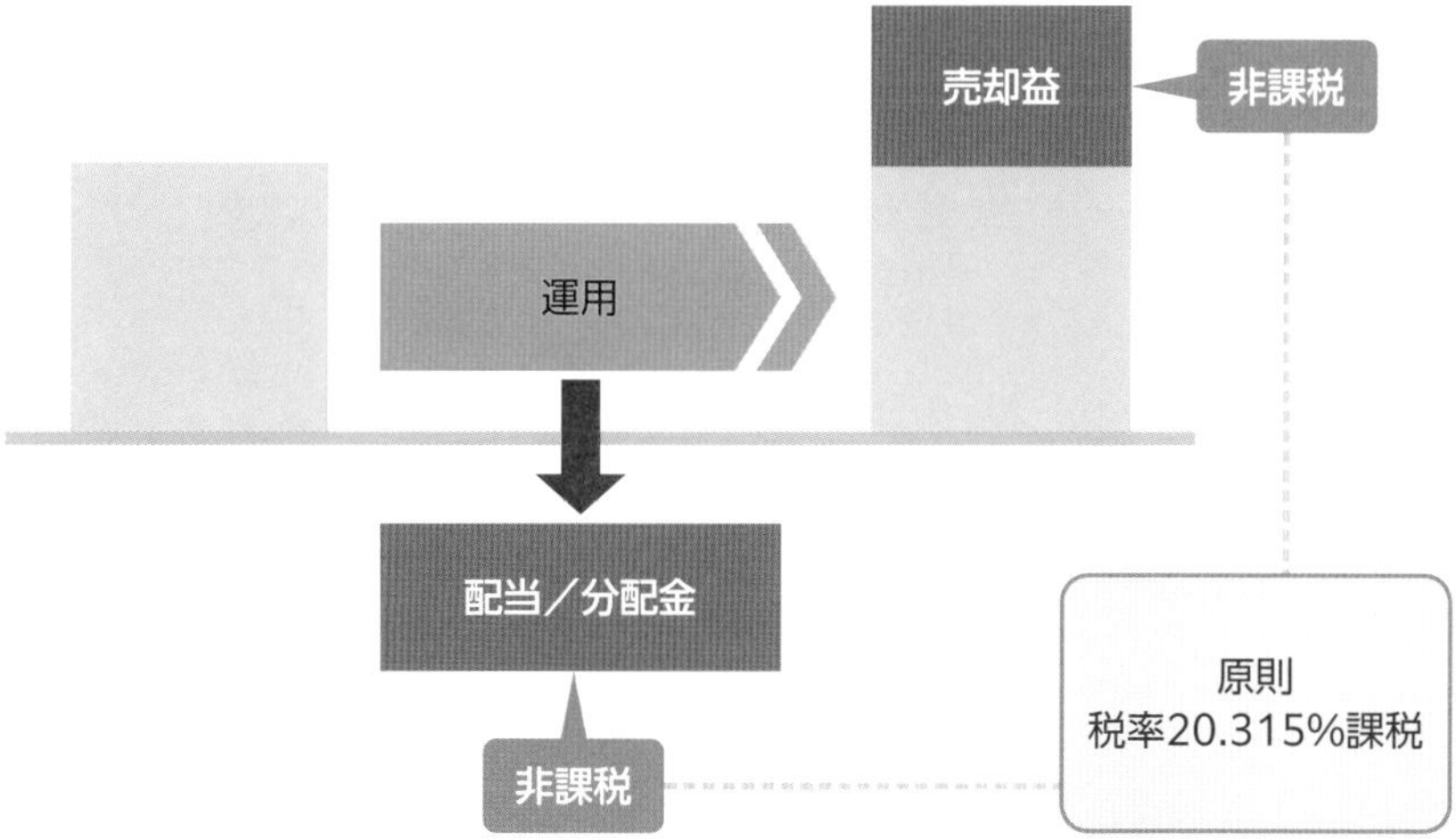

まとめ NISAは税金がかからない、ありがたい制度！

で復興特別所得税0・315％の合計20・315％が課税されます。

たとえばある年の投資信託の分配金（銀行でいう利息のようなもの）が60万円だったとしましょう。

通常であれば、この分配金に対して20・315％の税金が課税されます。

課税金額は

60万円×20・315％＝12万1890円

となるので、手取り金額は

60万円－12万1890円＝47万8110円

となってしまいます。

税金、すごく高いと思いませんか？

ところが、**NISA口座で売買した金融商品に関しては、「税金をがっぽり持っていかれずに済む」**のです！

税金を引かれずに済むありがたい制度、それがNISAなんです。

31 リニューアルされたNISAのポイント

旧NISAと新NISAの変更点

新NISAは神制度！

2014年に始まったNISA制度ですが、2024年1月にリニューアルされて、より使い勝手がいいものになりました。

以前は非課税になるのが投資してから5年間に限定されていましたが、それが完全撤廃されました。

また、**投資上限額も大きくなりました。**以前のNISAでは、成人の場合、利用できるのが一般の株式や投資信託を購入する「一般NISA」か、投資信託による積み立てをする「つみたてNISA」のどちらか一方しか選ぶことができませんでした。

前者の年間購入上限額は120万円、後者にいたっては年間40万円という少なさだったのです。

これが大幅拡充され、株式や投資信託のスポット買いと積立が同時にできるようになったばかりでなく、年間360万円の投資が可能になりました（投資の「枠」によって上限額が定められています）。

投資の上限額（元本）こそ1800万円までと定められてはいるものの、**元本がこの金額内であればどんなに増えていても全部非課税になる**というありがたさです。

表内にある**「つみたて投資枠」**と**「成長投資枠」**に注目してください。

「つみたて投資枠」が、今まさに私たちがやろうとしている積立投資で利用する制度です。

〈新NISAのポイント〉

出典：「NISAを知る」（金融庁）を加工して作成

	つみたて投資枠 併用可	成長投資枠
非課税保有期間	無制限	無制限
制度（口座開設期間）	恒久化	恒久化
年間投資枠	120万円	240万円
非課税保有限度額（総枠）	18,000円	
		1,200万円（内数）
投資対象商品	長期の積立・分散投資に適した一定の投資信託（金融庁の基準を満たした投資信託に限定）	上場株式・投資信託等※
対象年齢	18歳以上	18歳以上

まとめ 国策としてこのような制度が用意されている日本は、恵まれている！

年間の上限額が１２０万円なので、1カ月あたり10万円までこの枠で積み立てることができます。

「成長投資枠」というのは、国内やアメリカなどの個別銘柄に一括投資できる枠になります。ここは年間２４０万円まで利用可能です。

また、この枠の２４０万円を積立にまわすことが可能です。

少し戸惑うのが非課税保有限度額のところです。これは投資信託の積立であれば１８００万円使えるが、個別銘柄への一括投資は１２００万円までですよ、という意味になります。

積立投資であれば年間に「積立投資枠の１２０万円」と「成長投資枠の２４０万円」の合わせて３６０万円、毎月30万円の積立が可能ということです（最大１８００万円まで）。

最初からこんなにいい制度が利用できるとは、今から投資をしようとしているみなさんはとてもラッキーだと思います。始めない手はありません。

32 NISA口座は、ネット証券会社で開設しよう

銀行に比べ、ネット証券はメリットが多い

NISAでの投資を始めるにあたっては、**証券会社で総合口座を作り、同時にNISA口座を開設する**ことをおすすめします。

銀行のNISA口座は不自由

実は銀行でもNISA口座は作ることができます。馴染みのある銀行が安心、と感じるかもしれませんが、長い目で見るとそうとは言い切れません。

積立投資を始めると経済の動きが自分ごとと感じられて面白くなってくるという人も多いです。

マネーリテラシーが上がって知識量も増えてくると、インデックスファンドの積立以外の投資法も試してみたくなるかもしれません。

そんなときに、**銀行では対応できなくなる**からです。

銀行で扱うことができる投資商品は投資信託だけ。個別株の取引はできません。投資信託も商品の種類が少なく、多くのラインナップの中から自分の希望に合ったものを選べるわけではありません。

のちのちの選択肢を残しておくという意味でも、口座開設は証券会社がおすすめなのです。

ネット証券口座にすべき理由

さらに言えば、**実店舗を構えている老舗の証券会社よりも、インターネット証券＝（ネット証券）を選ぶことをおすすめします。**

〈インターネット証券会社のメリット〉

- 口座の開設から投資まで、すべてが手軽（ネット完結）
- 取り扱い商品が多い（投資信託以外も幅広い）
- サービスが豊富（アプリ、ポイント付与、夜間取引）
- 手数料が安い

SBI証券、楽天証券などの「メジャー」な会社

➡ 顧客数・預かり資産が多く、サービスがより充実。
倒産リスクも限りなく低い。

まとめ	NISA口座は１人につき１口座なので、メリット多数のネット証券会社を選ぼう

ネット証券の魅力は、すべてが手軽であることです。自宅にいながらにして口座開設から本格的な投資まですべて行うことができます。

また将来的にインデックスファンドの積立以外の投資をしたくなったとき、**ネット証券のほうが取り扱い商品の数が多く、個別銘柄の売買にあたっての手数料も安く設定されている**からです。

数あるネット証券の中で、私がおすすめしたいのは、SBI証券と楽天証券です。

その理由は「メジャーであること」「手数料が安いこと」「サービスが充実していること」の3つです。

「メジャーである」というのは、**預かり資産の額が多い**ことを意味します。顧客数が多く、法的に保護されるとはいえ倒産する心配がないというのは大きなメリットでしょう。

「手数料の安さ」は、実店舗を運営するコストがかからないことが要因です。**ネット証券同士でも絶えずコストの安さを競い合っており、競争原理が働い**

ているため、投資家としてその恩恵を享受し続けることができます。

「サービスの充実」としては、**アプリによる情報提供や夜間取引システムがあること、投資を行うことでポイントが貯まり、その貯まったポイントを投資にも使える**ことなどが挙げられます。

証券会社の口座を使い分ける

私は、先程名前を出したＳＢＩ証券と楽天証券の口座を、目的別に使い分けることをおすすめしています。

ＳＢＩ証券は、長期の資産運用の口座＝お金の泉をつくる積立投資をする口座

楽天証券は、慣れてきたら行うかもしれない短期投資用の口座

という具合です。

ＮＩＳＡ口座は１人につき、１つの証券会社でしか開設できません。

ＮＩＳＡ口座を開設するならＳＢＩ証券がベスト、というのが私の考えです。

その理由は、投資信託の一種で**ＥＴＦ**という金融商品があるのですが、その積み立てができ、商品も充実しているうえに、売買手数料も多くが無料になっているからです（ＥＴＦについては後ほどご説明します）。

楽天証券は、投資に慣れてきた段階で、短期投資などにチャレンジしてみたいと思ったときに、サテライト口座のような形で用意しておいて損はないでしょう。

短期投資をしないとしても「**iSPEED**」という楽天証券のアプリが便利なので、開設することをおすすめします。

このアプリを日々眺めるだけで、**経済に関するさまざまな情報を得ることができるので、投資家としてのレベルが上がります。**

〈証券会社の口座の使い分け〉

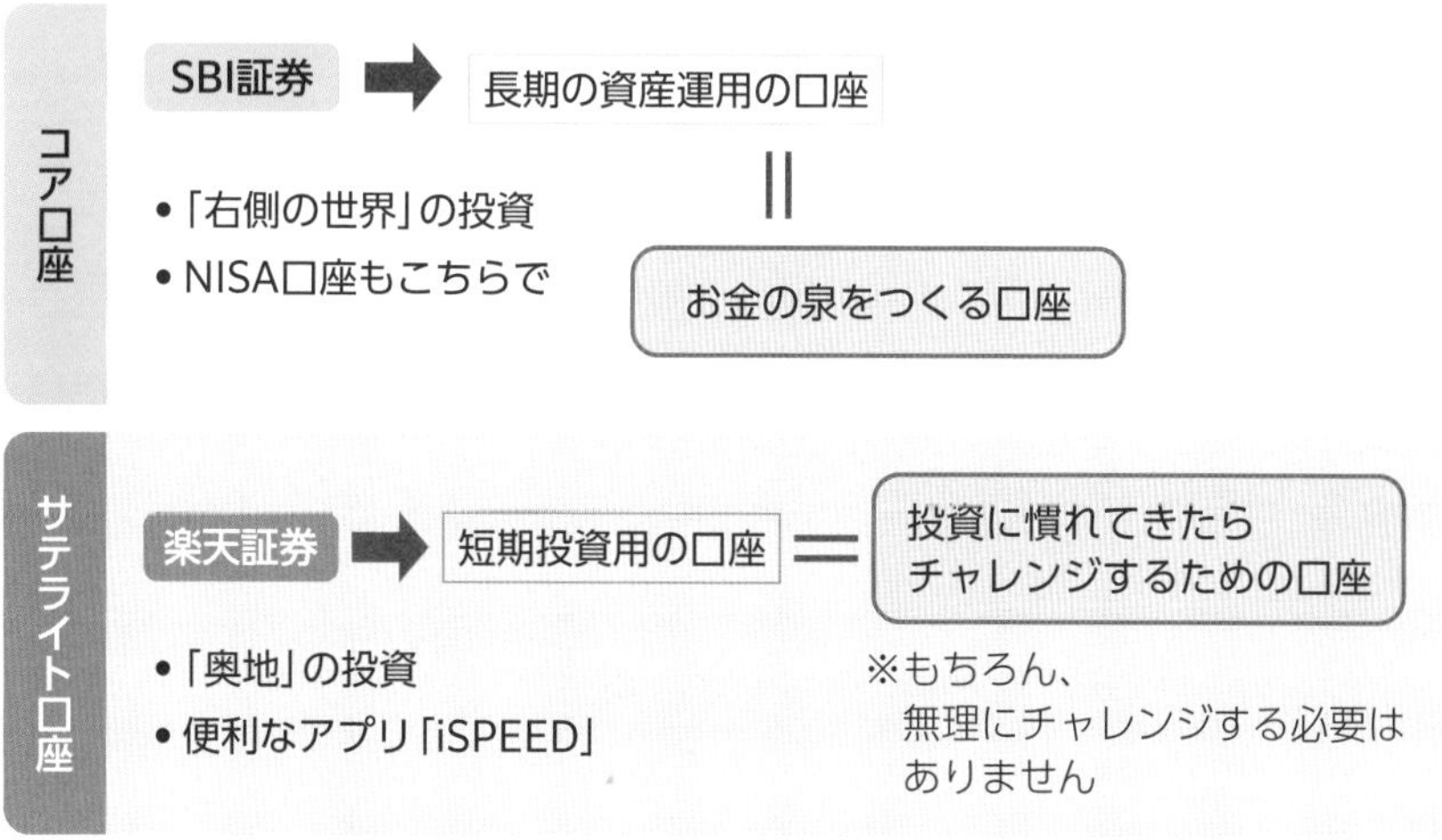
コア口座
SBI証券
長期の資産運用の口座
お金の泉をつくる口座
•「右側の世界」の投資
•NISA口座もこちらで
サテライト口座
楽天証券
短期投資用の口座
投資に慣れてきたら
チャレンジするための口座
•「奥地」の投資
•便利なアプリ「iSPEED」
※もちろん、
無理にチャレンジする必要は
ありません

まとめ コア口座とサテライト口座を用意しておこう

33 実際にネット証券口座を開設しよう

口座の開設方法をイチから教えます！

〈口座開設の申し込み方法〉

出典：「口座開設の流れ」（SBI証券）

口座開設ページは、
「SBI証券 口座開設」
などで検索する

※口座開設の要領も、必要書類も変わらないので、SBI証券で口座を開設できたら、楽天証券の口座も開設してみましょう。

①メールアドレスを入力する

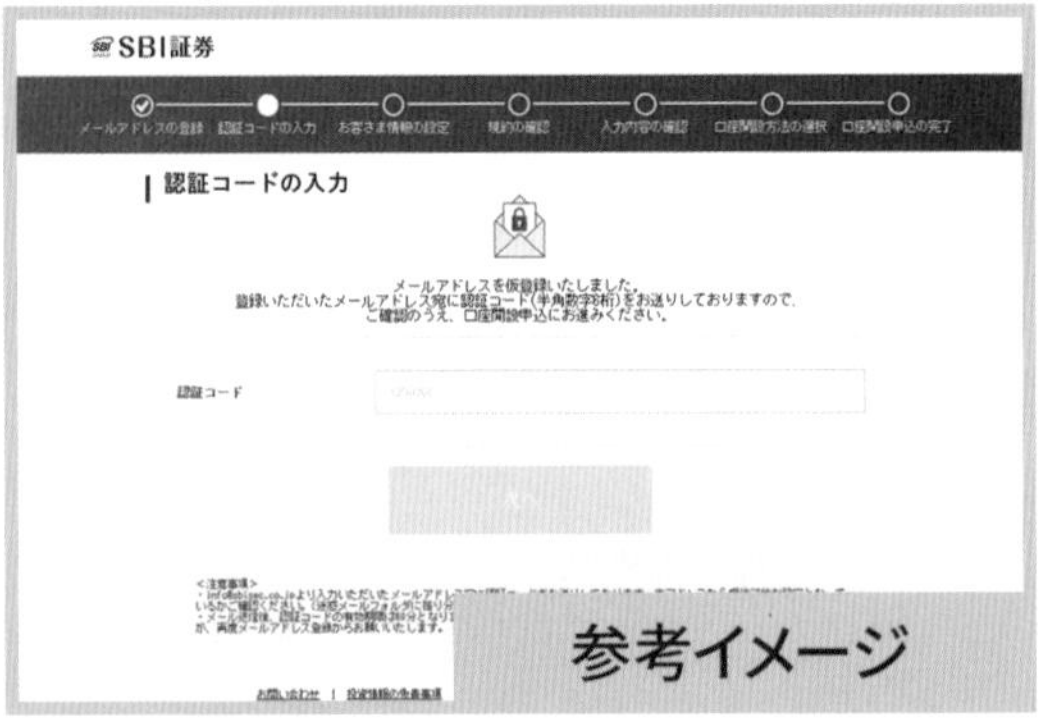

②入力したメールアドレスに送られてきた認証コードを入力する

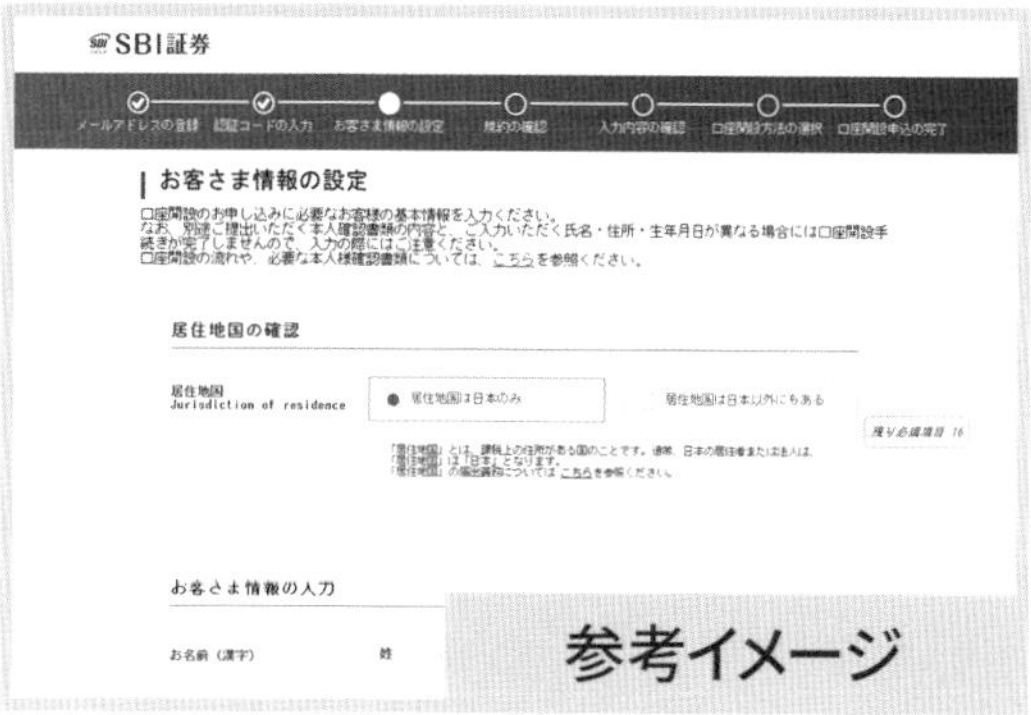

③住所等の情報を入力する

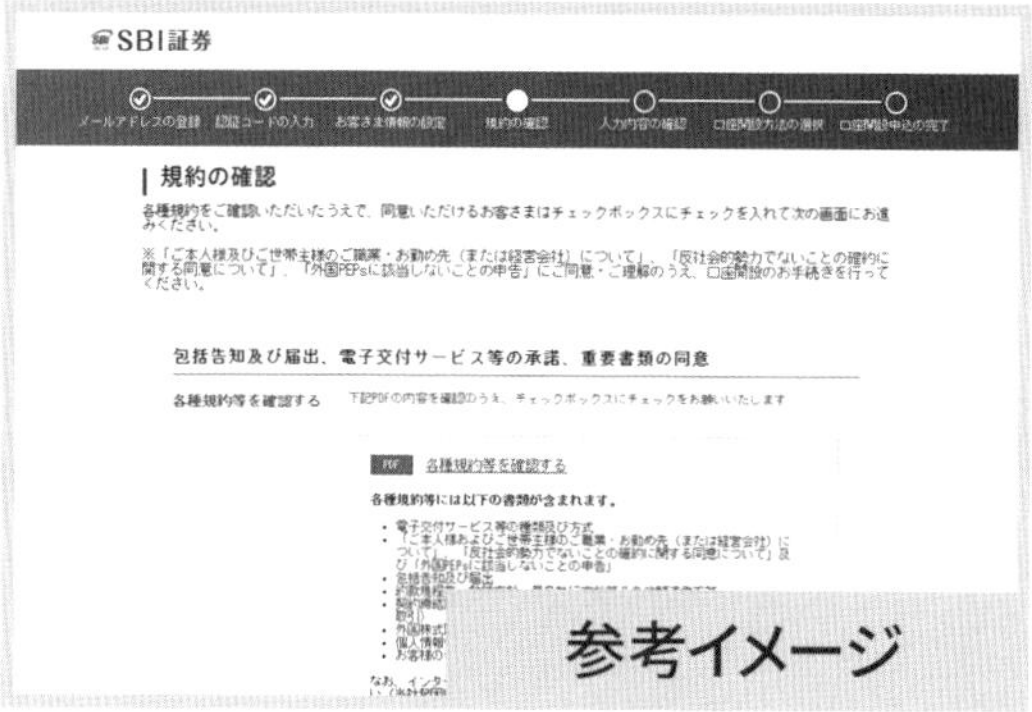

④各種規約等を確認する

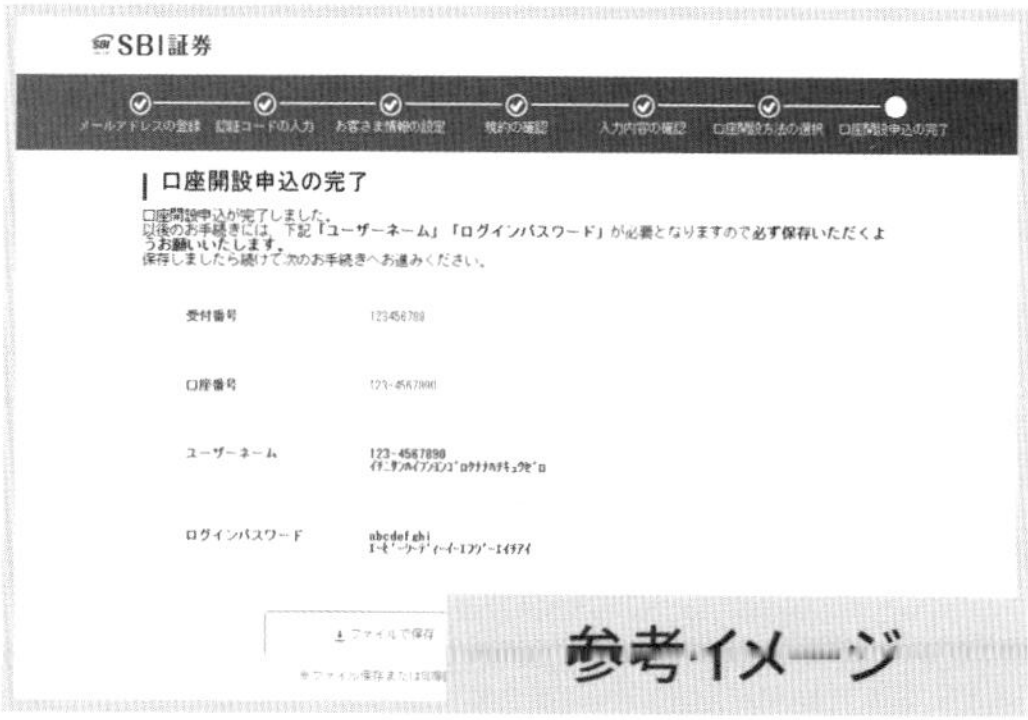

⑤口座開設方法を選択すれば完了（特に事情がなければ「ネットで口座開設」を選べばOK）

〈本人確認書類の提出〉

出典:「口座開設の流れ」(SBI証券)

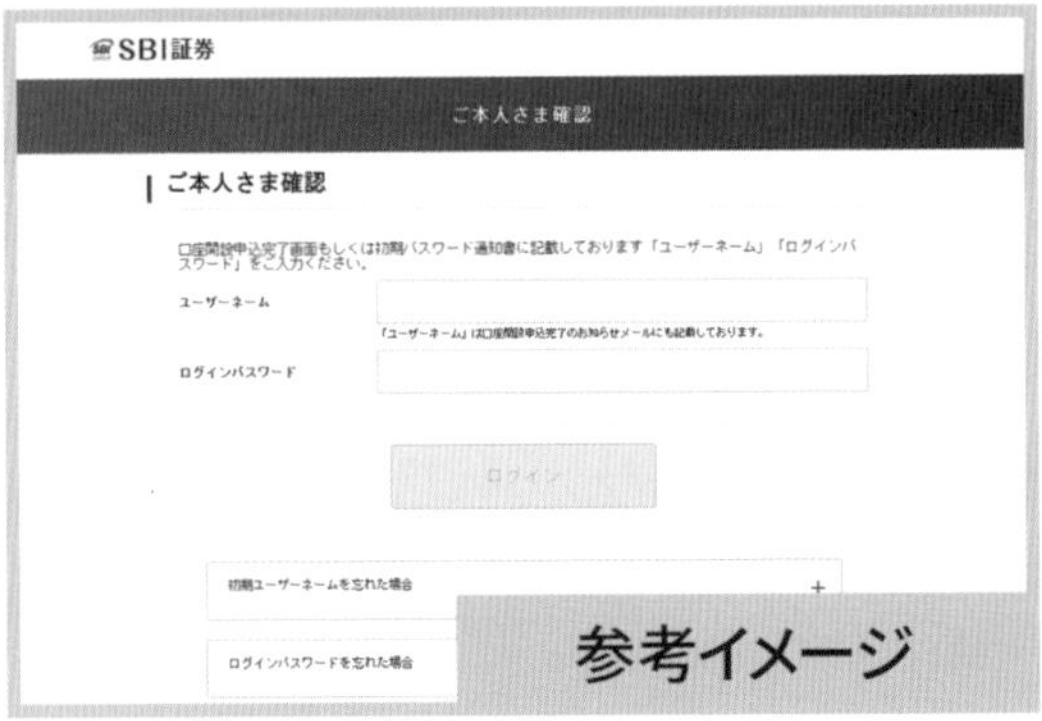

①口座開設申し込み完了時に発行されたユーザーネームとログインパスワードでログインする

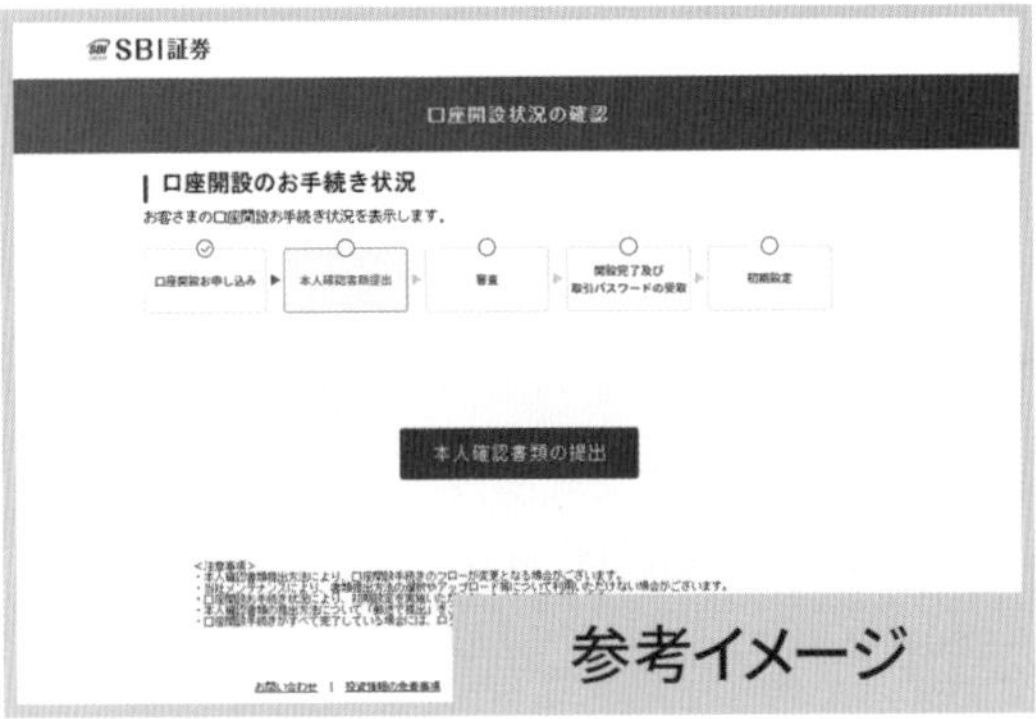

②口座開設状況を確認。「本人確認書類の提出」から手続きに進む

③提出書類および提出方法を選択し、提出に進む

〈本人確認書類の提出(2)〉

出典:「インターネット上で口座開設の手続きを完結させる場合」(SBI証券)

①PCで手続きをしていた場合は、スマートフォンでQRコードを読み込み、再度ログインする(カメラと連動させるため)

②画面に表示された撮影方法を確認したのち、指示通りに正面、横向きなど複数枚自分の顔を撮影する。撮影された画像を確認して問題がなければ次に進む

※肖像権保護のため、一部加工をしています。

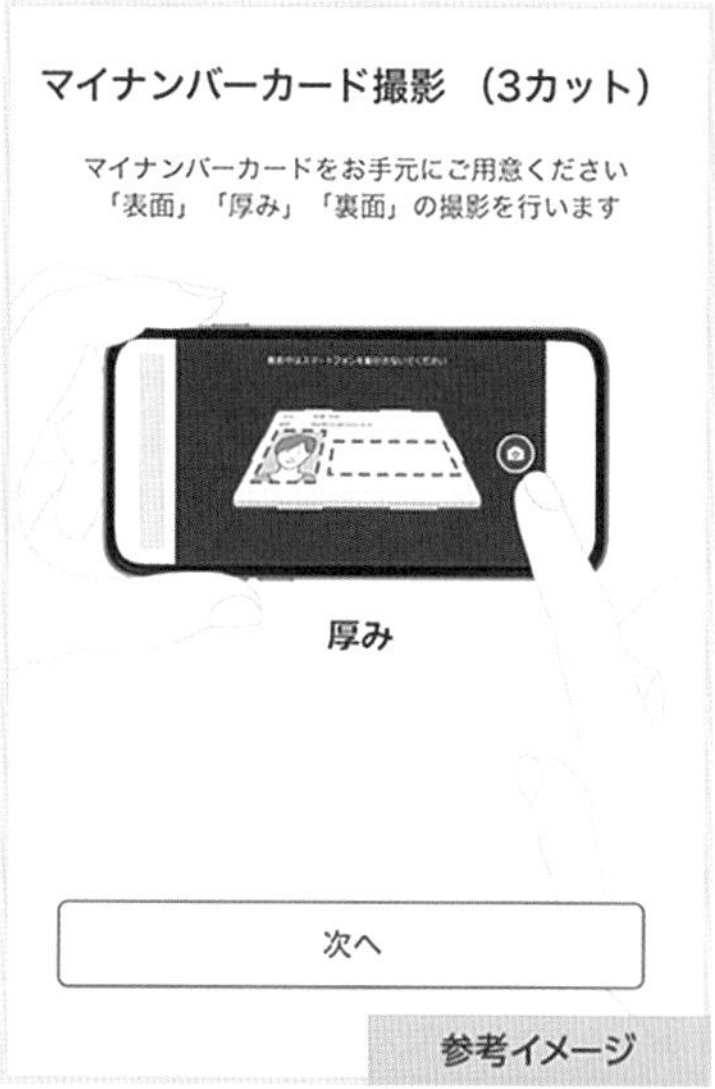

③画面の指示に従い、本人確認書類の正面や裏、厚みなどを撮影する。撮影された画像を確認して問題がなければ完了を押す

column 4

まず、始めてみよう

細かいことは後からでいい

第4章では「投資信託」や「NISA」という、最近になって耳にする機会が増えたであろう言葉も登場し、実際に口座を開設するところまでレクチャーさせていただきました。

ここで一度強調しておきたいのは「難しく考えない」ということです。

特に未経験でこれから積立を始める人や、ほとんどやったことがない人にとっては、まず慣れるということが最も重要です。

難しく考えずに、以下のことをやってみましょう。

証券会社のホームページに慣れることを目的に、ランキング上位の投資信託2~3

銘柄を100円ずつ実際に買ってみてください。

この一歩が大切です。

一歩を踏み出してしまえばその後が簡単になります。

積立をするにあたって「銘柄をどうしよう、ポートフォリオをどうしよう」と考える方もいらっしゃると思いますが、自分が納得できるポートフォリオ（第5章で解説します）は、知識や経験が増えていくことでできあがるものと考えてください。

積立はいつでもストップできるし、投資額や投資銘柄も変更できるので、本書で紹介した銘柄や証券会社にあるランキングから、国内・海外株式の投資信託を選び、プラン1で決めた積立額の分だけ積立設定しましょう。

その後、〝割合を増やしたい資産〟や〝購入したい銘柄〟が出てきたら変更をしていけばOKです。

大きな流れ、大局が先で、細かいことは後でいいということです。

第5章

あなたにピッタリな投資プランの立て方

34

お金持ちが持っている「お金の泉」という発想

湧き出るお金で消費をまかなう

お金の泉をどこまでも大きくしよう

第4章では、長期積立投資のメリットとＮＩＳＡ口座開設の方法について解説しました。

本章では、お金の泉と投資プランの立て方についてご説明していきたいと思います。

すでに何度か登場している「お金の泉」というのは、**長期の積立投資でお金の泉をつくり、そこから湧き出るお金を消費に使う**という発想です。

お金持ちがしている発想がこれなんです。

お金の泉の生活は、**お金の泉が小さいうちは大変ですが、大きくなるほど湧き出るお金も増えるので、消費に使えるお金も増えていきます。**

湧き出るお金を使うだけなので、お金の泉は減らずにそのままです。

そして、お金の泉がある限りお金は湧き出てきます。

「お金の泉はどこまでも大きくする」という考え方は、初めは理解しがたいと思いますし、「消費に使えないの？　いつ使えるの？」とも思うはずです。

でも、お金の泉という発想を知ったことで受け入れやすくなったのではないでしょうか。

老後に貯金を切り崩すという生活と比べてみてください。

安心感が違います。

35

お金の泉をつくる投資プランの立て方

あなたにピッタリな投資プランを設定しよう!

2つのプランを立てておく

投資プランの立て方についてご説明します。

プランというのは理想を掲げそこから逆算し、目標に向かって頑張っていくというのが普通です。

ですが、目標が高いプランだと途中で断念してしまうこともあります。

途中で断念してしまうというのは、このお金の泉ではあってはいけません。

そこで「必ず実行するプラン1」と「理想のお金の泉から考えたプラン2」の2つを用意しましょう。

大きさに関係なく、お金の泉は誰もが持つ必要があるので、**投資プランを考えるときには「継続可能な積立額」をメインプランにして、「これぐらいの大きさのお金の泉が理想だな」というのをサブプランとします。**

「プラン1」……必ず継続をするメインプラン

「プラン2」……理想のお金の泉から考えたサブプラン

ということです。

必ず実行するプラン1

1. 子どもの教育などでお金がかかる時期でも、必ず実行できる積立金額を出してください。

2. その積立額でシミュレーションをしてください(利回りは5%ぐらい)。

いつどれくらいのお金の泉ができるのか？　どれくらいお金が湧き出るのか？　を知りましょう
これで「最低サイズのお金の泉」が確保されます。「この積み立てを途中で辞めてしまったら、このお金の泉さえ手にできない」とわかるので、継続がしやすくなります。

理想から逆算するプラン2

1．湧き出るお金の金額から、理想のお金の泉のサイズを考えてください。
（年利5％ぐらいで計算すればいいので、年間に欲しい金額を20倍にして考えればOKです）
2．将来できあがるプラン1のお金の泉と、理想のお金の泉の差額を計算してください。
3．この差額をいつごろ、どうやって埋めるのかを考えてください。

差がありすぎて無理そうであれば、できるかも？と思えるぐらいのお金の泉のサイズにしましょう。

理想のお金の泉の大きさと、プラン1でできあがるお金の泉の差を知ることが大切です。

これを知ることで理想に近づけようと思えます。

たとえば、無駄遣いをやめる、アルバイトをする、ボーナスを回す、子育てが終わったらその教育費分をまわす……など。

将来の自分のためなので積極的にお金の泉をつくろうとするはずです。

積立金額は絶対減らさないようにする

プラン1の積立金額は、最初に設定した金額を減らさないようにしましょう。

「ちょっと経済的に苦しくなってきたから、積立に充てる金額を減らそう」というのはNGです。

特に今まで積立預金などをしたことのない人は、初めのうちは窮屈に感じられるかもしれません。

ただ、**安易に積立金の減額をやってしまうと、い**

〈プラン１とプラン２を用意する〉

プラン１

必ず実行する

①出費が増える時期がきても、必ず継続できる積立金額を設定する
②その積立額でシミュレーションをして、将来できあがるお金の泉の額を算出する（年利５％が目安）

プラン２

理想から逆算する

①湧き出るお金の金額から、理想のお金の泉のサイズを考える（１年に欲しい金額の20倍が目安）
②プラン１の②で算出した金額と、理想のお金の泉の金額の差額を算出する
③その差額をいつごろ、どうやって埋めるかを考える

まとめ 継続可能な額でできるお金の泉と、理想のお金の泉のギャップを知っておこう

つまで経ってもお金が残っていかず、将来に向けての資産形成ができません。

まずは「これだけは絶対に積み立てる」という金額を設定し、それを守ることを心に決めましょう。

プラン１は「何があっても必ずやり抜く」と肝に銘じてください。

厚生労働省が公表している「モデル年金」では、夫が勤め人、妻が専業主婦だった場合、２０２４年では、１カ月あたりの年金は23万４８３円ということです。

月の生活費が28万円ぐらいの家庭であれば、年金が23万円あるので不足するお金は月に５万円、年間60万円です。

この不足する金額を、お金の泉から湧き出るお金でまかなえれば生活はできそうです。

36 アセットアロケーションを考えよう

年収分のお金の泉ができたら、次に考えること

資産額＝年収になったら、次の段階へ

コツコツ投資信託でお金を積み立てていくと、やがて資産額が年収分に達します。

そうなったときが、次のステップに進むときです。

これまであなたの資産は現預金と株式（インデックスファンド）で100%が占められていました。

本来であれば、投資先は「現金・債券」「株式」「不動産」「コモディティ」の4つの資産に分けたいところでしたが、初心者なので「まずは株式から」ということでしたね。

お金の泉の資産額が年収分に到達したこのタイミングこそが、現預金と株式以外の「債券」「不動産」「コモディティ」までを含めた資産配分を考えるタイミングとなります。

これを「アセットアロケーション」といいます。

アセットアロケーションとは？

アセットアロケーションは、総資産を100%としたとき「現金・債券」「株式」「不動産REIT」「コモディティ」の資産をどれくらいの割合にするか？という資産配分のことです。

リスクを分散するために資産の種類を複数持ち「お金の泉を守りながら増やしていく」という考えです。

資産の種類により、リスクとリターンが違います。

現金・債券はローリスク・ローリターン、株式はハイリスク・ハイリターンです。

不動産REIT、コモディティは株式と同じぐらいだと考えてください。

ですから、安全資産（現金、債券資産）とリスク資産（株式、不動産REIT、コモディティ）の割合をどういう組み合わせにするのか？　で運用成績が変わってきます。

リスク資産の割合を大きく、安全資産の割合を小さくすればリターン重視になりますし、

安全資産の割合を大きく、リスク資産の割合を小さくすれば、ローリスク重視にになります。

アセットアロケーションの判断基準

アセットアロケーションを決めるにあたっては、自分の年齢や性格、投資の方向性から考えます。

たとえていうならリターン重視型、ローリスク重視型、配当重視型、というような感じです。

これには資産配分の決まりはありません、リターン重視型はこの資産配分だ、これが配当重視型だ、というのは決まっていません。

リスク資産の割合を多くすればリターン重視型ですし、安全資産の割合を多くすればローリスク重視型です。

配当や分配金が出る銘柄を多くすれば配当重視型になります。

資産配分の組み合わせは無限ですし、正解はありません。

はじめのころはベテランの人の資産配分が気になることもありますが、結局は時間の経過とともに自分好みの資産配分になっていくものです。

次のページで〝私の決め方〟をお伝えしますので、

初めはこの資産配分でスタート

⇓

時間をかけて自分好みの資産配分へ

という進め方でチャレンジしてみてください。

37 資産配分 決め方の例

アセットアロケーションの大まかな流れをつかもう

自分の年齢から配分を決める

資産配分を考えるときは、性格にもよりますが、リターンのことを考えてリスク資産の割合から決めようとしがちです。

でも、資産割合を決めるときには、はじめにローリスク資産の「現金・債券資産の割合」から考えます。

この割合の決め方はすごく簡単です。

「自分の年齢」を基本にしてください。

年齢が30歳であれば、現金・債券資産は全資産の30％になりますし、40歳なら40％、50歳なら50％、60歳なら60％ということです。

年齢が若いときには安全資産の割合を小さくしてリスク資産を大きくしますが、年齢とともに安全資産の割合を増やしリスク資産を減らしていきます。「お金を守りながら増やしていく」長期の資産運用では、時間は大事な要素ですからこれが基本だと考えてください。

それを理解したうえで「リスク資産を大きくしたい」という方は、それがあなたの性格や好みですから割合を大きくして問題ありません。

最初から細かく理解しなくていい

現金・債券資産の割合が決まれば、残りの割合がリスク資産の株式、不動産、コモディティです。

ただこれはみなさんが株式、不動産、コモディティ資産を必ず持たないといけないというのではなく、総資産額が年収ぐらいになったら資産配分も考えましょうという話です。

また、資産の分散という意味では、リスク資産も株式、不動産、コモディティ資産の3つに分散するのがベターですが、リスク資産が株式だけでうまくいっている人もいるので、個人的には無理に不動産やコモディティを加えるというより、興味を持ったときに少しずつ加えていく、という進め方がいいと考えています。

もちろん「不動産やコモディティの投資信託も持ちたかった」という方であれば加えてください。

そうでなければ、お金の泉がさらに大きくなった時に加えるかどうかを検討しましょう。

次に国内と海外の割合を考えます。円資産だけではなくドル資産を持つことでリスク分散になります。

これはざっくり「50：50」で大丈夫です。

ここは積立をはじめるときから意識したほうがよい項目なのですが、具体的には「国内の現金・債券、海外の現金・債券、国内株式、海外株式」の4資産に分散していればいいでしょう。

アセットアロケーションは、わかってしまえばそれほど難しくありません。

ただ、今は「資産運用の全体像を知る」というのが目的ですから、細かい話よりも大きな流れのほうが大切です。

ここでは**「アセットアロケーションというのは、そういうことなのか」と知る程度でOK**です。

38 年齢に合わせた資産運用戦略

若い人ほど冒険しよう

投資期間の長さを活かす

若い人のアセットアロケーションは、基本に沿って考えれば30歳の方のような円グラフ（左ページ参照）になります。

しかし**個人的には、20代の方や、30代前半の方は投資期間が長いので、株式中心で利回りを上げるのがいいのではないかという考えを持っています。**

特に20代のうちは、１００％株式でいいと考えています。

お金の泉のサイズで戦略を変える

年齢も若く、お金の泉が小さいうちはキャピタルゲイン（値上がり益）狙いの株式をメインにしてお金の泉を大きくする。

お金の泉が大きくなってきたら資産の種類を増やし、年齢とともに現金・債券資産の割合を増やしインカムゲイン銘柄を考える。

サッカーの監督のように、場面に応じて日本人選手・外国人選手を起用したり、攻撃シフト、守りシフトに切り替えるようにしたり……。

あなたもお金の監督として年齢や状況を考え、シフトを変えていきましょう。

〈アセットアロケーションの例〉

30歳の方

現金資産 30%：リスク資産 70%
国内資産 50%：海外資産 50%

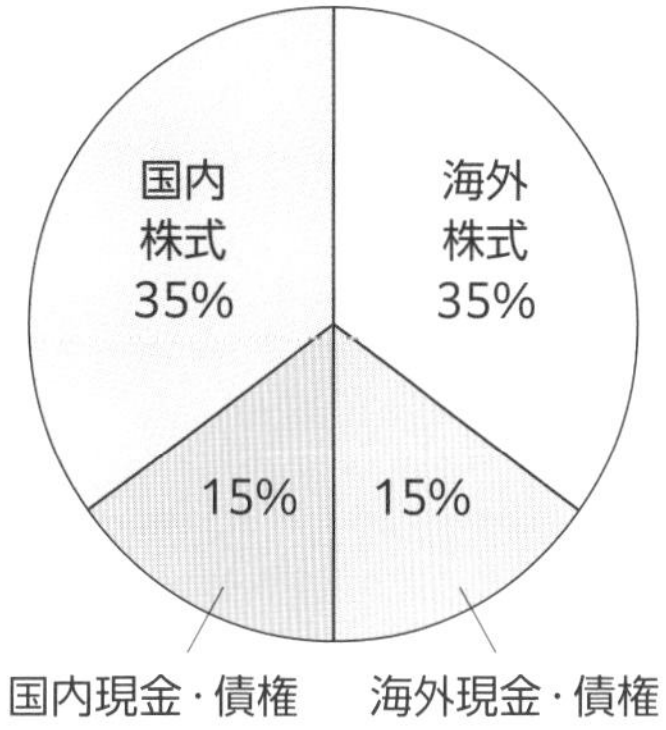

50歳の方

現金資産 50%：リスク資産 50%
国内資産 50%：海外資産 50%

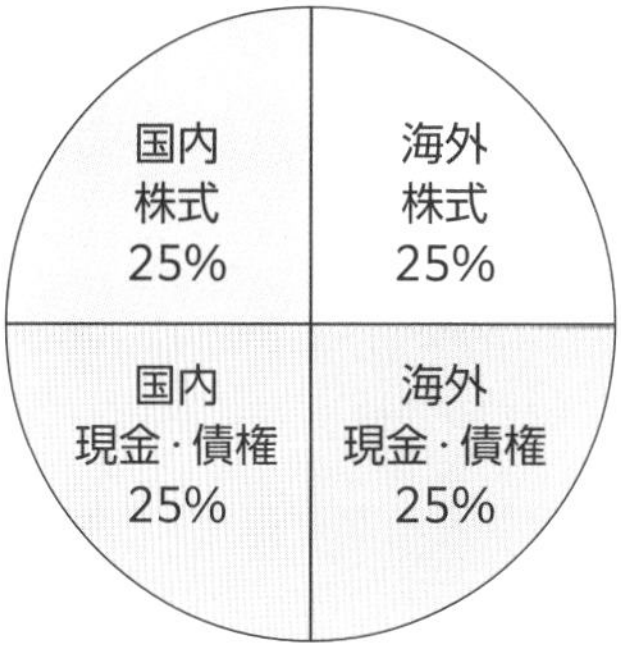

〈アセットアロケーションは、お金の泉のサイズとも相談〉

お金の泉が小さいとき

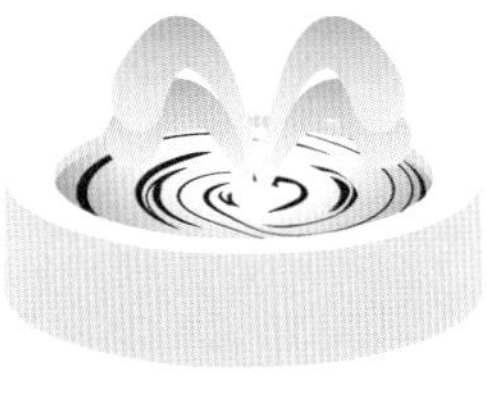

お金の泉が大きいとき

まとめ 若いときに攻めて、守りにシフトしていくのも手

39 ポートフォリオを組んでみよう

アセットアロケーションの次に考えること

資産配分の内訳を具体化する作業

アセットアロケーションで資産配分の割合が決まったら、これを具体的な投資信託やETF、個別銘柄に置き換える作業が必要になります。

これが「ポートフォリオ」です。

「資産配分＝アセットアロケーション」で**「アセットアロケーションの各資産を具体的な銘柄に置き換えたものがポートフォリオ」**です。

現段階のアセットアロケーションである「国内の現金・債券」「国内の株式」「海外の現金・債券」「海外の株式」の資産を、具体的な銘柄に決めればポートフォリオは完成するということになります。

参考としてインデックスの投資信託の銘柄も紹介します。

ポートフォリオを決める流れ

129ページの円グラフで示したアセットアロケーションを例にすると、50歳の方の配分は、

国内株式25％、海外株式25％

国内現金・債券25％、海外現金・債券25％

でしたね。

これを少しずつ、個別銘柄に近づけていきます。

国内の現金・債券資産は「円の現金」です。

お金の泉専用の銀行口座を用意して積立貯金をしていきます。

国内株式は日本株式のインデックスの投資信託です。

具体的な銘柄は「eMAXIS Slim国内株式（TOPIX）もしくは日経平均）」。

どちらでもよいですが、悩むなら2銘柄でも構いません。

この銘柄をNISA口座で積立します。

海外現金・債券はドルの現金もしくはドル建ての債券です。

銀行口座での「外貨積立」でもいいですし、証券会社の口座から「外貨建てMMF」という債券の投資信託があるのでこちらでもいいです。

外貨建てMMFはNISA口座からの購入はできませんが積立もできます。

海外株式は海外のインデックスの投資信託です。

具体的な銘柄は「eMAXIS Slim全世界株式（オール・カントリー）」もしくは「eMAXIS Slim全米株式（S&P500）」。

こちらもどちらでもよいですが悩むなら2銘柄でも構いません。

この銘柄をNISA口座で積立します。

〝とりあえず〟ですが、これでポートフォリオが完成します。

知識が増えたら、自分で見直しを

あくまで参考ですから、自分が買いたい銘柄があればそちらで問題ありません。

投資の知識が増えてきてからアセットアロケーションの資産割合を変更したり、ポートフォリオを組み直せればOKです。

今は信じられないかもしれませんが、そのころにはあなたも問題なく銘柄選びをできるようになっているはずです。

あと、私は年齢とともにインカムゲイン（持っているだけで入ってくる配当や分配金）の銘柄を増やしたほうがいいと考えています。

配当・分配金は投資信託やＥＴＦ、個別銘柄によって、出るもの、出ないものがあります。

銘柄選びのときにチェックしてみてください。

配当・分配金は、キャピタルゲイン（値上がり益）のほうが収益が大きくなりやすいので、これは各自の性格や好みになります。

投資信託の探し方についてはあとで説明します。

〈ポートフォリオの組み方〉

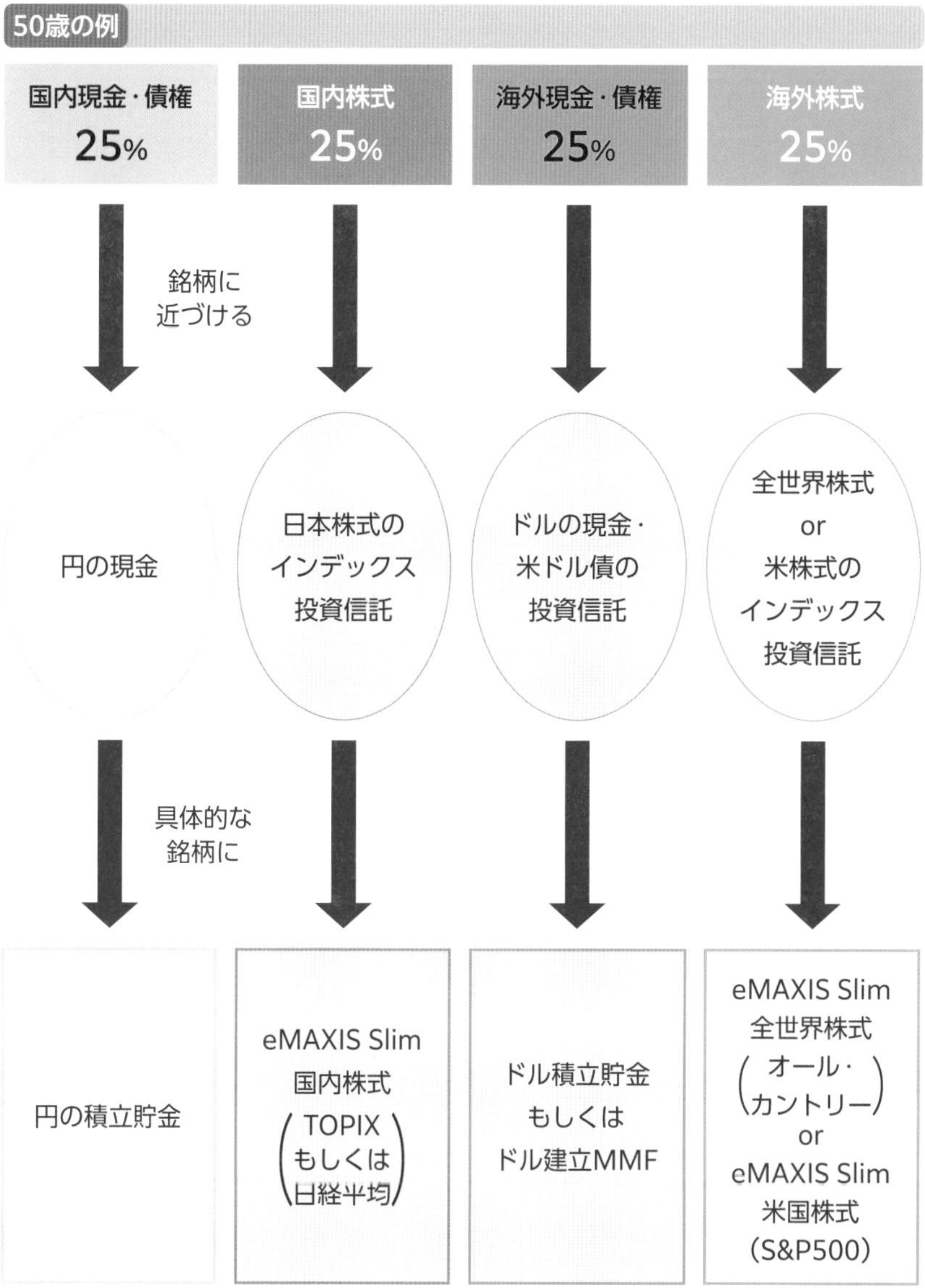

まとめ 最初は〝ざっくり〟〝とりあえず〟でOK！

40 年に一度は「リバランス」をしよう

アセットアロケーションを見直す作業

資産の比率を元通りにする

リバランスとは、最初に決めた資産の配分比率が相場の値動きでによってズレていくので、**値上がりした資産・銘柄を売り、値下がりした資産・銘柄を買い増すことで元の比率に修正する手法**のことです。

具体例で説明します。左ページ上の表を見ながら読み進めてみてください。

左の欄が初期状態で、総資産は100万円でした。

中央の欄が、時間が経った時の各資産の状態です。

この例では株価が上昇しました。

株価が上昇したことでトータルが128万円、つまり資産が28万円増えています。

そして、最初の資産割合とズレが生じています。

右の欄がリバランスをしてこのズレを修正した状態です。

利益が出ている株式の一部を売り、元の割合に戻しました。

続いて株価が下落したケースです。下の表を見てください。

株価が下降したことでトータルが96万円となり、4万円減っています。

これも最初の割合とズレが生じています。

右の欄がリバランスをしてこのズレを修正した状態です。

〈リバランスによる資産割合の変化〉

株価が値上がりしたとき

最　初	1年後	元の割合に戻す
国内現金・債券 25% 25万円	国内現金・債券 19.5% **25**万円	国内現金・債券 25% 27万円
国内株式 25% 25万円	国内株式 31.25% **40**万円	国内株式 25% 27万円
海外現金・債券 25% 25万円	海外現金・債券 20% **26**万円	海外現金・債券 25% 27万円
海外株式 25% 25万円	海外株式 28.9% **37**万円	海外株式 25% 27万円
合計100万円	合計**128**万円	合計128万円

株価が値下がりしたとき

最　初	1年後	元の割合に戻す
国内現金・債券 25% 25万円	国内現金・債券 19.5% **25**万円	国内現金・債券 25% 24万円
国内株式 25% 25万円	国内株式 31.25% **22**万円	国内株式 25% 24万円
海外現金・債券 25% 25万円	海外現金・債券 20% **26**万円	海外現金・債券 25% 24万円
海外株式 25% 25万円	海外株式 28.9% **23**万円	海外株式 25% 24万円
合計100万円	合計**96**万円	合計96万円

まとめ 1年に一度リバランスをすることで、分散の歪みを正そう

国内&海外の現金で国内株式、海外株式を買い増して元の割合に戻しました。

株数（口数）を増やしているため、相場が上がってきた時に利益が出やすくなります。

リバランスとは、このように相場の値動きによる比率のズレを元の比率に修正するということです。

リバランスが年に一度でいい理由

このリバランスは1年に一度でOKです。

理由は、**相場は上がりはじめると当分の間上がり続けますし、下がりはじめたら当分の間下がり続けるので、頻繁にリバランスをする必要はない**と考えているからです。

また、リバランスでは含み益がある資産を売却します（含み損を抱えている資産を売却しません）。

この話も「資産運用の全体像を知る」というのが目的ですから、大きな流れとして知っておく程度で大丈夫です。

「リバランスはこういうことなのか、そして、年1回でいいんだ」と知ってもらえれば充分です。

ちなみに、みなさんが納めている年金はここで紹介した50歳のアセットアロケーションと同じ比率で運用されています。

公的年金運用では「長期運用は短期的な市場の動きで資産の構成割合を変更せず、長期間維持する方が良い結果をもたらす」という考え方をしています。

そして、月に1度リバランスをしています。

個人の場合も考え方は同じですが、資金が大きくないですし、株価が上がっている間はそのまま上げの流れに乗るほうがいい結果になりやすいので、リバランスは1年に一度で大丈夫です。

また、**資産によって上げ下げする時期が違うので、総資産が大きくなったら株式だけではなく、不動産やコモディティの投資信託を持つことも検討してください。**

ここからは、さらに具体的な話をしていきます。

41 アセットアロケーションの具体例

現在の貯金額と、積立に回せる金額からシミュレーションする

お金の泉用貯金は分けておく

まずは、現在持っている現金貯金を「日常で使うお金」と「お金の泉のお金」に振り分けます。

「日常で使うお金」は、左側の世界で（将来）消費で使うかもしれないお金。

「お金の泉のお金」は、右側の世界で資産運用に使うお金です。

お金の泉用の現金貯金は、すぐにでもアセットアロケーションで決めた資産配分に振り分けたいのですが、株価の変動を考慮して、通常の積立と同等の額を振り分けるのがいいと考えます（この現金預金がなくなるまで）。

これにより、積立が完了している分だけでリバランスができます（残っている現金貯金は、リバランスの対象外です）。

実際にどう配分していくか

例1

お金の泉用の現金貯金が0円
プラン1で決めた積立額が毎月5万円　の場合

国内現金25%、国内株式25%、海外現金25%、海外株式25%　の比率なら

各資産の積立は　1万2500円　になります。

「アセットアロケーション＝お金の泉」です。

また、証券口座とお金の泉用の銀行口座のすべてのお金がお金の泉です。

現金・債券が、円やドルの現金の積立になるので、お金の泉用の銀行口座が必要になります。

「日常脳」で左側の世界で消費するお金

「投資脳」で右側の世界でお金の泉をつくるお金をわかりやすく区別しておいたほうがいいでしょう。

「お金の泉用の現金貯金」はお金の泉用の銀行口座に移して、普通口座から円の定期積立や外貨積立、証券口座への振替がおすすめです。

例2

お金の泉用の現金貯金が200万円

プラン1で決めた積立額が毎月5万円の場合

200万円÷5万円＝40カ月

プラン1で決めた積立額5万円に、40カ月間5万円をプラスする

国内現金25％、国内株式25％、海外現金25％、海外株式25％の比率なら

各資産の積立は2万5000円になります。

現金貯金がなくなる41カ月目から、各資産の積立は1万2500円になります。

40カ月目までのリバランスのとき、残っている現金はリバランスの対象外です。

積立が完了している分だけリバランスします。

〈ある程度の貯金額があるときのアセットアロケーション〉

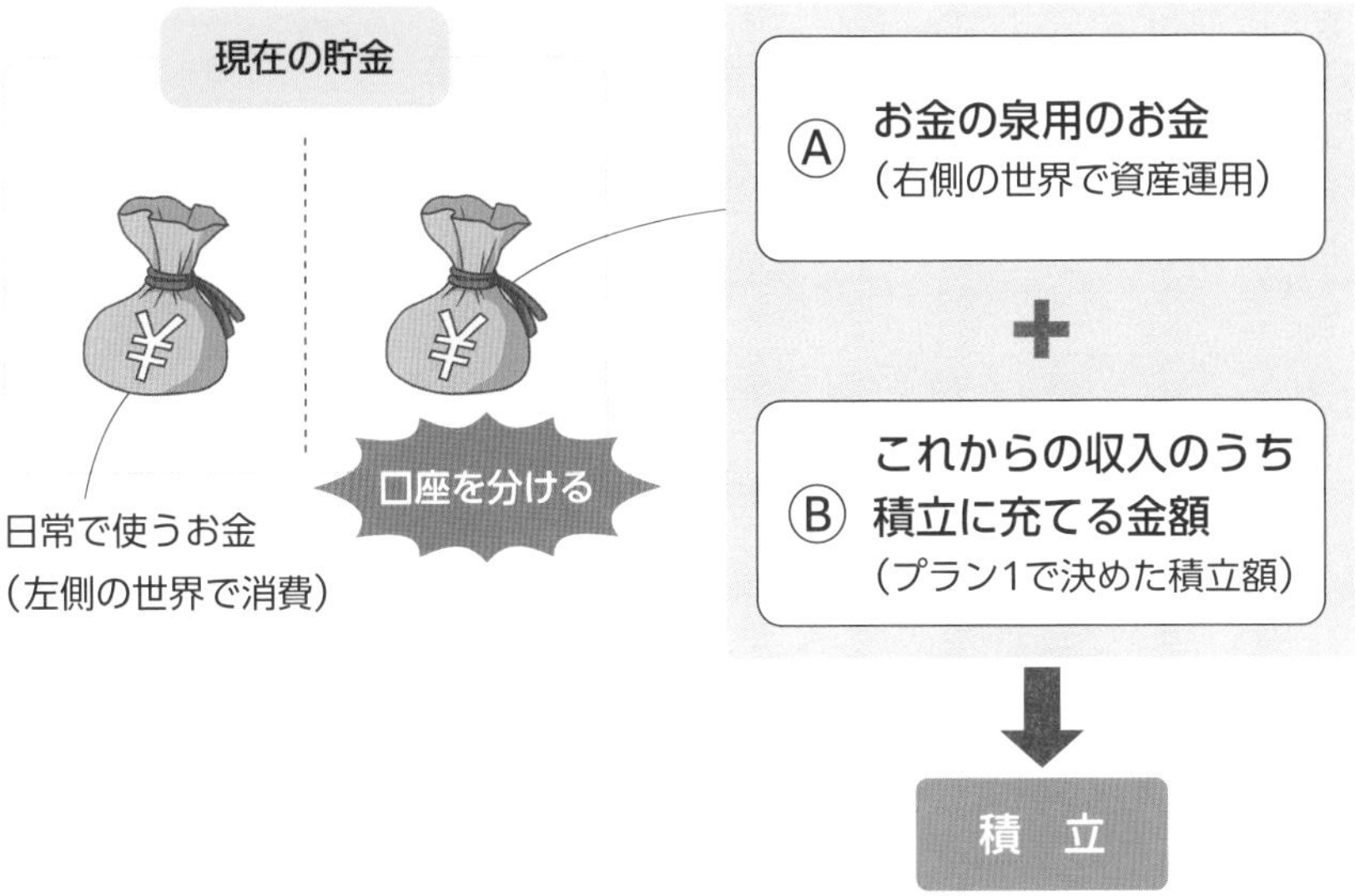

例　お金の泉用の貯金200万円、プラン1で決めた積立額5万円のとき

ⒶはⒷと同額を毎月積立に回すので、

200万円÷**5**万円＝**40**カ月間、Ⓑに上乗せして積立をする。

～40カ月目

総積立額	100,000
国内株式	25,000
海外株式	25,000
国内現金・債権	25,000
海外現金・債権	25,000

41カ月目～

総積立額	50,000
国内株式	12,500
海外株式	12,500
国内現金・債権	12,500
海外現金・債権	12,500

Ⓐのうちまだ積立していない分はリバランスの対象外

まとめ　消費用のお金と投資用のお金は明確に分けておこう

42

リバランスを繰り返すだけで、使えるお金も、資産も大きくなる！

お金の泉が大きくなっていくしくみ

リバランスが「湧き出るお金」を生む

「分配金がある投資信託は持っているだけでも利益があるけど、分配金がない投資信託は持っているだけでは利益がないよな？」

「タイミングを考えて値上がりしたら売らないといけないのかな？」

「お金の泉って、いつお金が湧き出すの？」

この疑問がわかりましたね。そうです、年に一度、元の資産配分に戻すリバランスです。

リバランスするだけで、お金の泉から湧き出るお金を手にできます。

そして、お金の泉も大きくなるのです。

・値上がっている株式資産の一部を売却する＝お金の泉から湧き出るお金を手にできる
・株式が値下がっているときには株式資産を買増していく＝株数が増える
⇓株数が増えるので、その資産が値上がったときにお金の泉が大きくなる

元の資産配分に戻すというリバランスを繰り返すだけで、お金の泉は大きくなるということです。

お金の泉＝あなたの資産

現金も資産ですが、その他も現金に交換できる資

〈リバランスでお金の泉から湧き水が出る理由〉

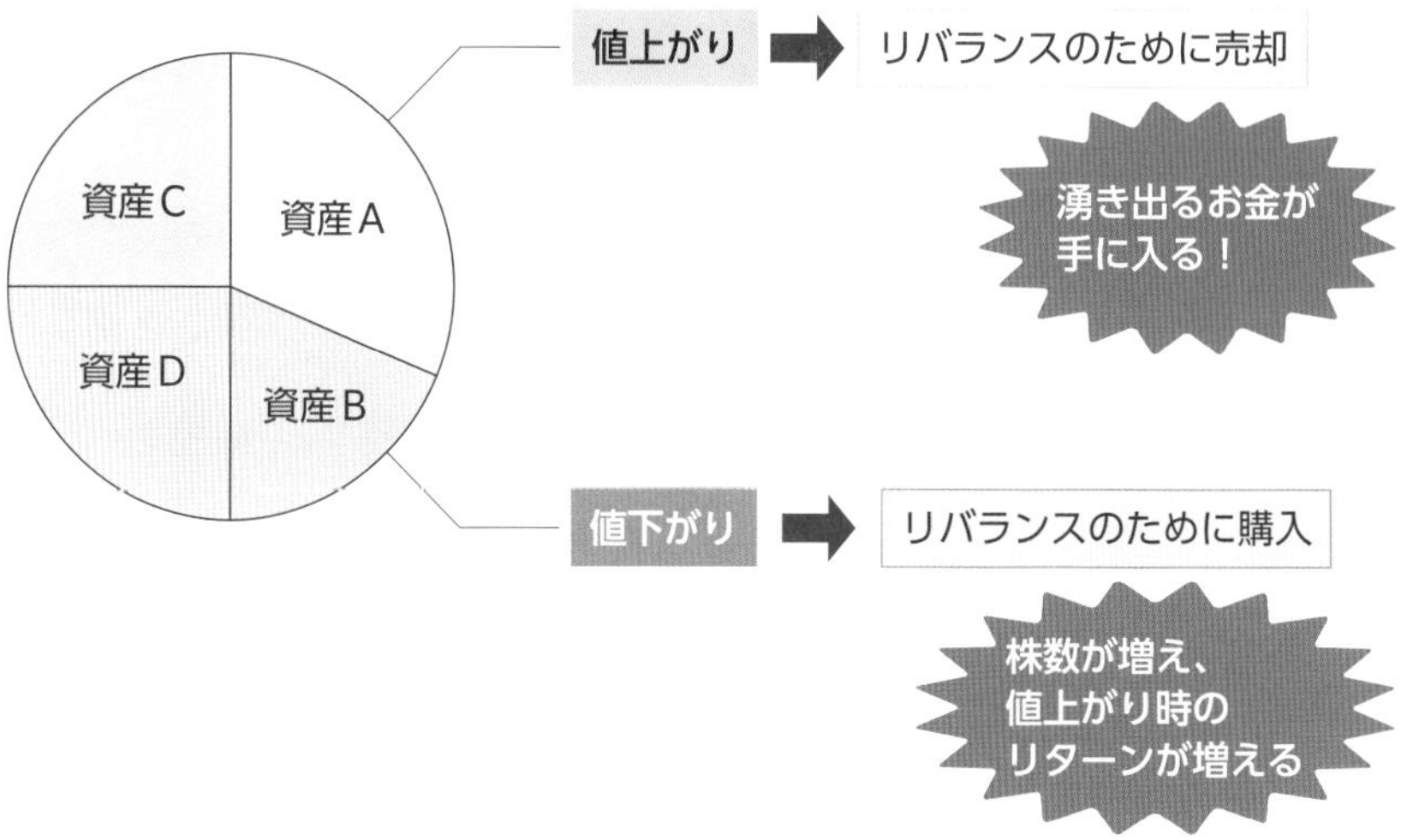

まとめ リバランスを繰り返すだけで、お金の泉は大きくなっていく

産です。

その他の資産はお金を生みますから、お金の泉の資産を増やし続けていけばいいのです。

そうすれば、お金の泉が大きくなるほど湧き出るお金は増えていきます。

そして、消費で使っていいのはお金の泉から湧き出るお金だけです！

湧き出るお金しか使わないから、お金の泉の資産はなくならないし、お金の泉があるからお金が湧き続けるということです。

これがお金持ちの発想です。

「奥地」と「右側の世界」も整理しましょう。

「右側の世界」の長期の資産運用は、資産を増やし続けていく、資産を増やすのが目的。

「奥地」の短期投資は、値上がったら売却して現金にする、これを繰り返して現金を増やすのが目的です。

43

投資信託の銘柄の選び方

初めての投資信託は、とりあえずランキング上位でOK

悩む必要はまったくない

国内株式、海外株式については"とりあえず"という形で積立を始めればOKです。

既に伝えている銘柄

国内株式＝eMAXIS Slim国内株式（TOPIXもしくは日経平均）
海外株式＝eMAXIS Slim全世界株式（オール・カントリー）もしくはeMAXIS Slim全米株式（S&P500）

ただ、その後に「他の株式の投資信託はどんなのがあるのだろう？」「債券や不動産やコモディティの投資信託も加えたい」となったときのために、どうすればよいのかをお伝えしておきます。

これもとりあえずの策ですが、**証券会社の投資信託ランキングで探せば問題ありません。**

資産別でも表示できるので、その中から選んでみましょう。

投資信託を選ぶ時のポイント

投資信託を選ぶ時のポイントは、**コスト（信託報酬）と投資信託の純資産**です。

コストの信託報酬は運用利回りに影響するので低いものを、純資産は大きなほうを選びましょう。

純資産が大きければ売りたいときに売れますし、運用が止まる心配がないからです。

また、分配金を受け取りたい場合には分配金の有無を確認してください。

注意したいのは「バランス型の投資信託」です。

バランス型は国内・海外の債券、株式などのいくつかの資産を組み合わせた投資信託です。

1口購入するだけで複数の資産を持てるので一見良さげですが、**リバランスできないという欠点があります。**

株式だけを売りたいとか、債券だけを売りたいということができないので、各資産の投資信託をそれぞれ購入したほうがいいでしょう。

ETFとは？

本書で何度か登場した、ＥＴＦ、ＭＭＦという商品についてもここで説明しておきます。

ＥＴＦは投資信託の一種で、企業の個別株のように、上場している投資信託のことです。

通常の投資信託は、売買注文をしても翌日などの取引になりますが、ＥＴＦは個別株と同じように値動きをみながら注文ができます。

また、一般的にＥＴＦのほうがコストが安いです。

ＥＴＦは株数ごとの売買になりますので、1株が2万円であれば2万円が必要ということです。

ＮＩＳＡ口座で投資信託もＥＴＦも購入できますが、積立に関しては投資信託ならどの証券会社でも可能なのに対して、ＥＴＦの積立ができる証券会社は少ないです。

本書でＳＢＩ証券を推奨しているのも、ＥＴＦの積立ができるからです。

外貨建てMMFとは

ＭＭＦとは、マネー・マーケット・ファンドのことで、外貨（主にドル建て）で運用される投資信託のことです。

格付けの高い短期の国債や地方債、社債などで運用されるので、安全性が高い投資信託です。

44

投資の世界を楽しもう！

投資に慣れてきたら、「奥地」に足を踏み入れるのもアリ

チャレンジで投資脳が磨かれる

投資の世界には色々な投資の仕方があるので、少しでも興味をもったら試してみてください。

ただ、「そうはいってもなんか難しそう」と感じる方が多いと思います。

そのように感じさせるのは〝用語〟のせいです。

たとえば、アメリカの個別株、為替取引のＦＸ、金や原油などのＣＦＤ、海外ＥＴＦ……。

ＦＸを教えている私でも「用語だけを並べるとたいそうなことに感じるな」と思うほどですから。

やったことがない人にとっては、余計にそう感じることでしょう。

でも、していることは「あるものを買って、買ったものを売る」というだけです。

していることは簡単なので、みんなが思っているほど難しくも危険でもありません。

投資も趣味も、経験で詳しくなる

難しくないので、以下のように考えてみてください。

投資は旅行、ファッション、外食、料理と同じ

慣れている人は気軽に旅行したり、洋服や小物を買いオシャレを楽しみます

無理のない範囲でお金を使い、流行りを取り入れるなど、フットワークが軽いためたくさんの経験を

します。

当然「腹が立った、いらなかった、美味しくなかった」などのような失敗もしますが、それらを含めて趣味として楽しみます。

あなたの好きなことや趣味にも**「たくさん経験するから詳しいし上手」**というものがあるのではないでしょうか？

投資も同じなので、お金の泉づくりに慣れてきたらサテライトの証券口座（本書では楽天証券を推奨しています）で次のことをしてみてください。

米個別株を1株買って体験しよう！

アメリカの個別株は、1株から買うことができます。

なので「コカ・コーラ」を1株だけ買ってみてください。

「ウォルト・ディズニー」など、あなたの好きな企業があればそれでもいいです。

そして、値上がったときに売ってください。

1年以内に売却したら、これで立派な短期投資です！

「奥地」の短期投資も小額でやれば危なくないので、お試し感覚でやってください。

あなたの得意なことと同じで、実際に購入することで投資の知識が増えていきます。

そして、知識が増えてくると資産によって上げ下げする時期が違うというのもわかってきますし、株価のグラフ（チャート）を読めるようになると、資金効率を上げられるようにもなります。

初めはちょっと勇気が必要ですが、やりたいことをやると「挑戦してよかった」となるものです。

投資の世界にある**いろいろな銘柄をお試しでやっていくと「投資脳」も磨かれ、動く範囲も広がり自由度が増して楽しくなってきます。**

投資の世界は面白いですから、ぜひいろいろなチャレンジをして、投資を好きになってください。

column 5

インデックスファンドの銘柄選び

〝とりあえず〟というものの……

第5章では〝とりあえず〟で始めてみようということで、最初に積み立てる銘柄として国内株式＝eMAXIS Slim国内株式（TOPIX もしくは、日経平均）、海外株式資産＝eMAXIS Slim全世界株式（オール・カントリー）、もしくはeMAXIS Slim米国株式（S&P500）をご紹介しました。

ただやはり、投資を始めたばかりの人が一番気になるのが、「どの金融商品に投資するか」ということだと思いますので、参考程度に解説しておきます。

この本では、インデックス投資の長期積立を推奨しているので、そのラインナップの中から選ぶことになります。

たとえばあなたが「米国のS&P500に連動するインデックスファンドに投資す

る」と決めていたとしましょう。

実はこの「S&P500に連動するインデックスファンド」は1種類ではありません。

次ページの表はS&P500に連動する主なインデックスファンドの一覧です。意外に商品数が多いことに驚かれたのではないでしょうか。

数が多いのは、それぞれのファンドを運用している会社が異なるからです。

私たちが日常的に使っているシャンプーや歯磨き粉と同じようなものです。商品の種類としては「シャンプー」と「歯磨き粉」ですが、メーカー側は独自のレシピで原材料を配合し、それぞれ商品名をつけています。

表の一番上の「SBI・V～～～」は、SBIアセットマネジメントというSBIグループの運用会社が、アメリカの大手運用会社バンガード社で販売しているS&P500のインデックスファンドの窓口となっている商品です。

また2番目の「eMAXIS Slim米国株式（S&P500）」は、日本の三菱UFJアセットマネジメントという会社が運用している商品です。

〈S&P500に連動する主な投資信託一覧〉

ファンド名	純資産（億円）	信託報酬（税込）	つみたてNISA	運用会社
SBI・V・S&P500インデックス・ファンド	15,710	0.0938%	○	SBIアセットマネジメント
eMAXIS Slim 米国株式（S&P500）	43,411	0.09372%	○	三菱UFJ アセットマネジメント
つみたて米国株式（S&P500）	479	0.22%	○	三菱UFJ アセットマネジメント
Smart-I S&P500 インデックス	212	0.242%	○	りそな アセットマネジメント
iFree S&P500 インデックス	2176	0.198%	○	大和アセットマネジメント
NZAM・ベータ S&P500	23	0.22%	○	農林中金全共連 アセットマネジメント
iシェアーズ米国株式インデックスファンド	415	0.0638%	○	ブラックロック・ジャパン
農林中金〈パートナーズ〉つみたて米国株式 S&P500	237	0.495%	○	農林中金全共連 アセットマネジメント
米国株式インデックス・ファンド	982	0.495%	○	ステート・ストリート・グローバル・アドバイザーズ
農林中金〈パートナーズ〉米国株式S&P500インデックスファンド	375	0.605%	×	農林中金全共連 アセットマネジメント
iFreeレバレッジ S&P500	231	0.99%	×	大和アセットマネジメント

（数字は2024年5月8日時点のもの）

投資割合はあくまで自由

インデックスファンドは経済指標とほぼ同じ動きをするので、商品性にほとんど差はありません。

となると、選ぶポイントになるのはコスト（信託報酬）の低さと、母体の大きさ（純資産総額の大きさ）です。

信託報酬率はただちに運用利回りに影響しますし、純資産総額が大きいと、運用会社が十分な分散投資を行うことができ、安全性が高まるからです。

自分が開設した証券会社のランキング表を見て、一番人気の商品を選ぶようにするといいでしょう。

ランキング表を実際に見てみると、全世界株式もしくは米国株（S&P500）が上位に多くランクインしており、初心者の方が投資信託を選ぶのならば全世界株式か米国株がよさそうです。

なお「全世界株式」の組み入れ銘柄にも米国株が多く入っていることを認識しておいてください。

たとえばeMAXIS Slim全世界株式（オール・カントリー）は、世界中の株式市場を対象としていますが、構成比率は次のようになっています。

1　アメリカ　約62・1%
2　日本　約5・5%
3　イギリス、フランス、およびその他の国々　32・4%（2024年2月時点）

アメリカは世界を牽引する多数の企業が存在しているため、時価総額が大きくなり、結果的にアメリカ株式への投資割合が高くなっているのです。

もちろん日経平均に連動する投資信託も選択肢に入ってきます。

「全世界とかアメリカとか言われてもよくわからない」という人は、日本の株式市場に投資するファンドを選ぶのも一つの手です。

私は為替の影響もない「日本株式」が人気になると予想しています。

また、「どれもよさそうで一つに絞れない」という場合は、複数の投資信託に投資するという方法でも構いません。割合も自由です。

銘柄に関しては「一度、こうしたらずっとそのままでいかなくてはならない」とか、「割合は変えてはいけない」などということはまったくないので、とりあえず始めてみるようにしましょう。

第6章

最後に伝えたい、本当に大切なこと

45

「お金の泉」を大きくする秘訣

すべてにおいて、ゆとりのある生活を手にできる

投資の航海図を手に入れ、目指すべき目的地もわかってきましたね。

目的地と、そこに向かっていくコツを明確にするという意味でも、最終章となるこの章では、資産形成に関する私の考え方を、今一度お伝えしていきたいと思います。

お金の泉の良さや成功の秘訣、お金持ちが大切にしているポイントをお話しするので、復習も兼ねてしっかり押さえておいてください。

お金・時間・心の余裕が生まれる

普通、仕事はうまくいくほどお金に余裕ができても時間の余裕がなくなったり、ときに体や心を崩してしまうこともあります。

だからといって、のんびりしているとお金が少なくってしまいます。

しかし、お金の泉は違います。

お金の泉を持つのには、時間的・肉体的な労力がかからないので、お金の余裕と時間の余裕が共存できます。

このため、お金の泉は上手くいくほどお金・時間・心にゆとりが生まれます。

人によっては体を鍛えるなど健康にも気を使うので元気にもなるし、やりたいことをやれるという選択肢も増えていきます。

お金の泉は大きくなるほどさまざまなことがうまくいくようになっています。

あなたには、このさまざまなことがうまくいくお金の泉を持ってほしいので、今から秘訣をお伝えします。

楽をする方法というような話ではなく、お金の泉づくりを成功しやすくするための知識です。

しっかりと受け取ってください。

お金の泉は大きいほど良い

お金の泉は大きければ大きいほど、そこから湧き出るお金も増えていきます。

たとえば年利回り7％とした場合、お金の泉（元金）が100万円のとき、1年後に湧き出るお金は7万円に過ぎませんが、1000万円になれば70万円ものお金が湧き出ます。

その差、実に63万円。

1年という時間は誰にとっても平等ですが、資産運用ではもともとのお金の大きさによって、1年間に湧き出てくるお金の大きさが違ってくるのです。

複利運用を利回り7％でできると10年で資金は倍になります。

ここでも資産額の違いが大きな差を生みます。

100万円のお金の泉から湧き出るお金は100万円ですが、1000万円のお金の泉から湧き出るお金は1000万円になります。

増えるスピードも泉の大きさに比例

言い方を変えれば、お金の泉が大きくなるほど1000万円をつくるスピードが早くなるということです。

資産額の大きさ別に1000万円をつくるのにどれくらいの期間が必要なのか、次のページで見ていきましょう（金利は7％とします）。

100万円の複利運用だと約33年
100万円→1000万円になる期間
1000万円の複利運用だと約10年
1000万円→2000万円になる期間
2000万円の複利運用だと5年10カ月
2000万円→3000万円になる期間
3000万円の複利運用だと4年2カ月
3000万円→4000万円になる期間
4000万円の複利運用だと3年3カ月
4000万円→5000万円になる期間
5000万円の複利運用だと2年8カ月
5000万円→6000万円になる期間

こうして見ると、元本が1000万円を超えたあたりから、1000万円をつくるスピードが上がることがわかります。

つまり**お金の泉の大きさが1000万円になると、湧き出るお金の額が急激に増える**ということです。

2000万円を超えたあたりからスピードは緩やかになりますが、元本5000万円になると、たったの2年8カ月で1000万円のお金を生み出すようになります。

もちろんお金の泉が6000万円、7000万円と大きくなっていけばいくほど、1000万円をつくれる期間は短くなっていきます。

ちなみに1年で1000万円を作るには、1億4千万円を7%で運用できればOKです。

贅沢ができる金額ですね。

そんなふうに、お金の泉があなたの代わりにお金をつくってくれるようになっていきます。

〈お金の泉は大きいほどメリットをもたらす〉

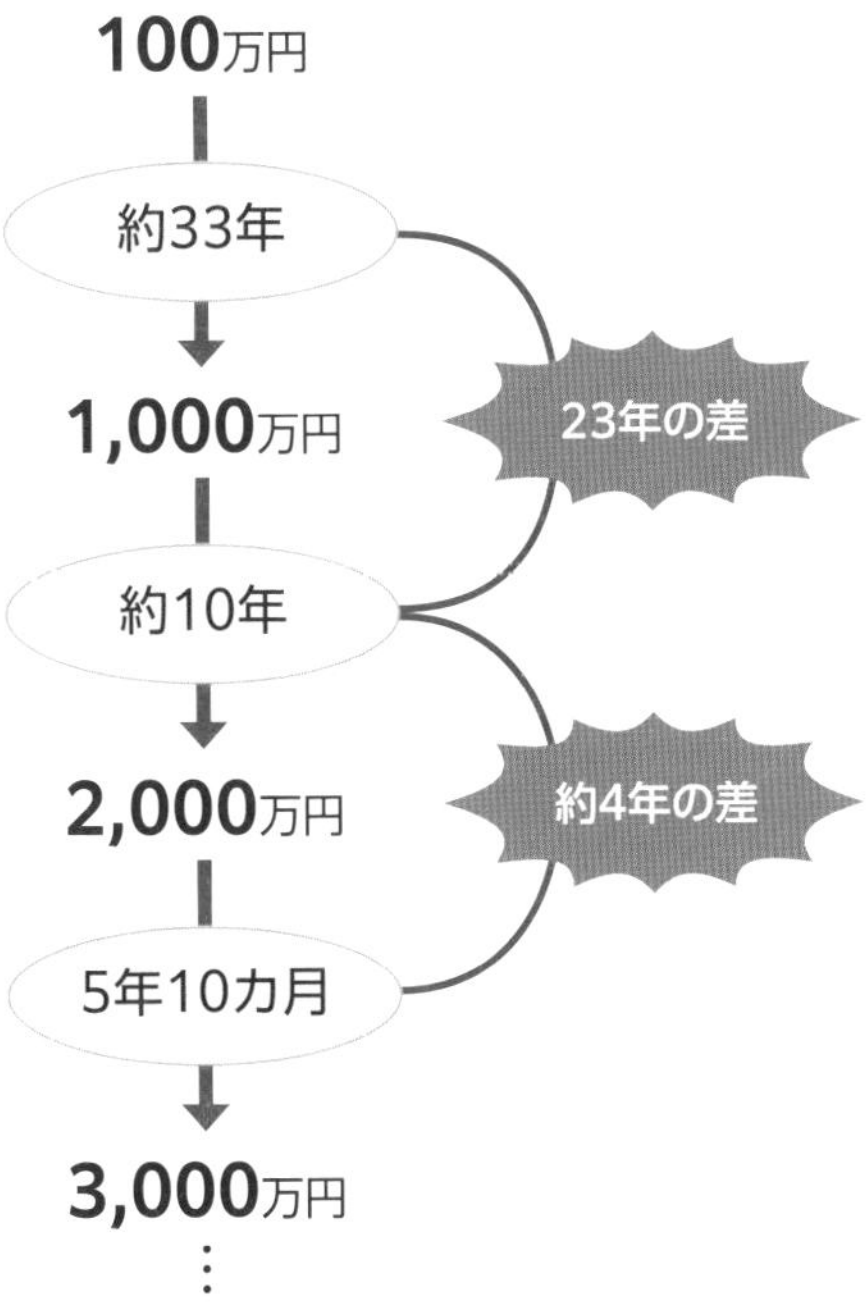

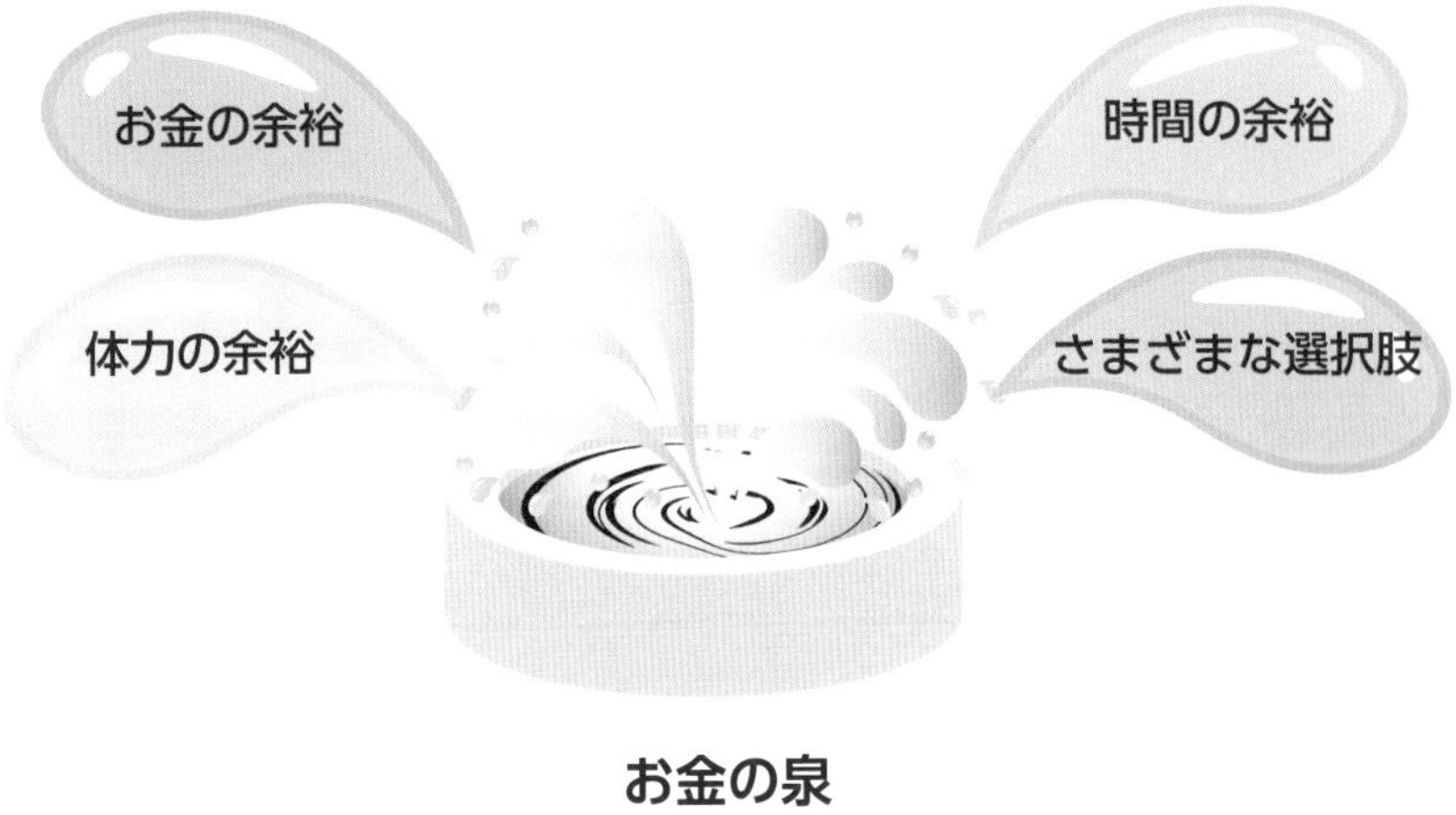

まとめ お金の泉が大きいほど、泉が大きくなるスピードは加速する

46

積立の威力を理解しておこう

なるべく早く、お金の泉を1000万円にしよう

1000万円がキーになる

お金の泉の大きさが1000万円になると、湧き出るお金の額が急激に増えるので、少しでも早く1000万円にしたいところです。

では、積立だけだとどれくらい時間がかかるのでしょうか？

0円から毎月5万円の積立（利回り7％）だけでお金の泉を1000万円にするには、約11年かかります。

「11年は長いな」と感じたと思いますが、これから「成功の秘訣」をお伝えします。

〝なかなか増えない1000万円の壁〟と〝増殖スピードが上がる1000万円〟

この2つの短文からわかる通り〝1000万円が成功の秘訣〟となります。

このことを知らないと「なかなか増えない」と消極的になり、積立をやめてしまったり、「子どもの塾代で少し入用だから」と積立を減額して、予定していた期日よりもさらに時間がかかってしまうかもしれません。

でも、〝1000万円が成功の秘訣〟と知っていれば「それならボーナスなどからより多くのお金を積み立てに回して、少しでも早く1000万円にしたほうが資金効率はいい」という考えになります。

〈1000万円の壁を越えろ！〉

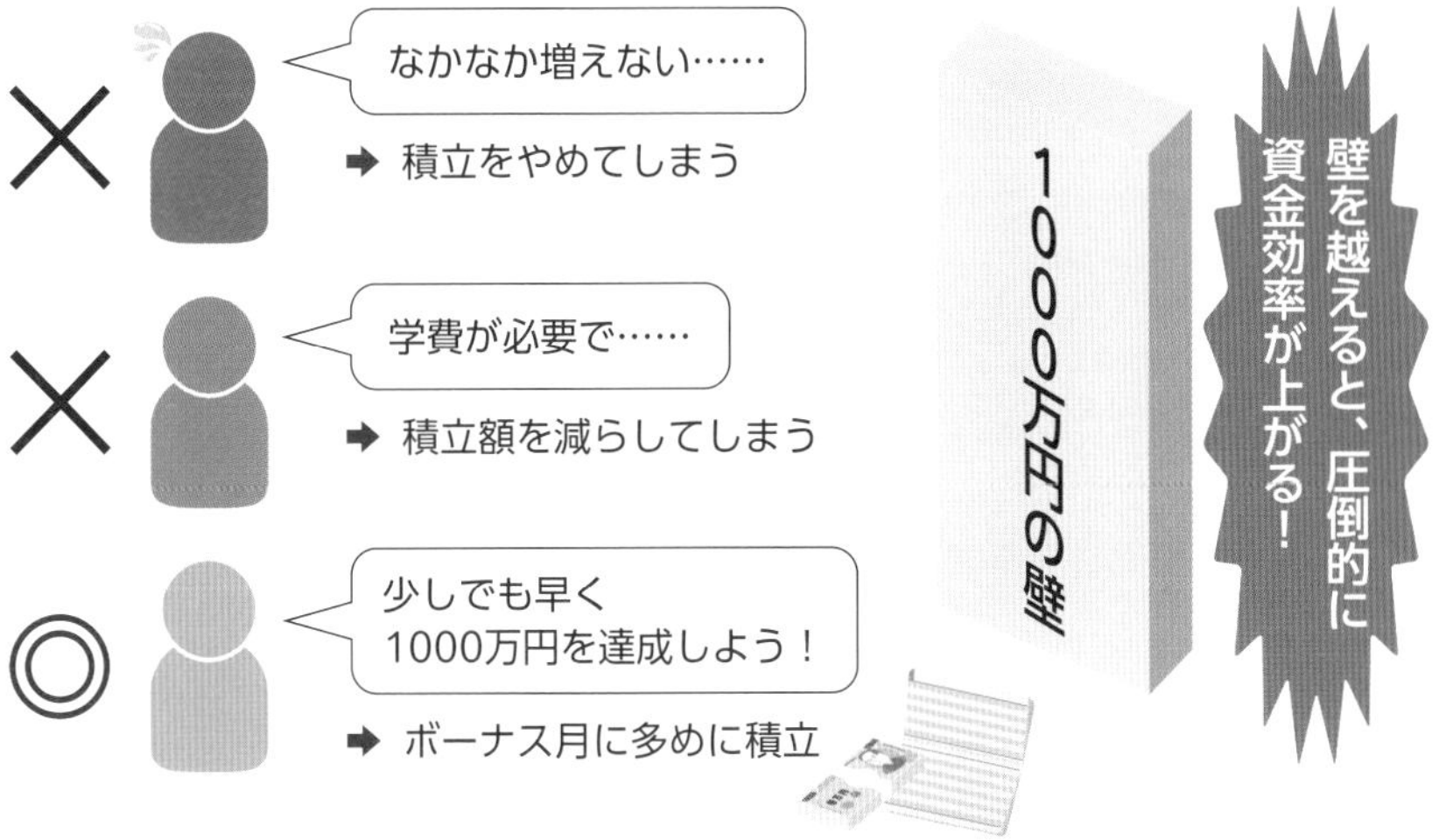
なかなか増えない……
➡ 積立をやめてしまう
学費が必要で……
➡ 積立額を減らしてしまう
少しでも早く
1000万円を達成しよう！
➡ ボーナス月に多めに積立
1000万円の壁
壁を越えると、圧倒的に
資金効率が上がる！

まとめ 「タイパ」を気にするなら、頑張って積立額を増やそう

11年間を「積立だけ」と「早期に1000万円にした」で比べると、同じ11年という期間に湧き出るお金の量はかなり違ってきます。

泉が大きくなってからも積立を続ける

すでにお金の泉が1000万円ある状態で、月5万円の積立を続けると、6年と少しで2000万円になります。複利運用だけのときは10年でしたから、4年近くもスピードアップしています。

同様に2000万円ある状態で積立を続ければ4年と少しで3000万円に、3000万円ある状態で積立を続ければ3年と少しで4000万円になります。

2000万円を超えるとスピードが緩やかになりますが、積立も併用したほうがお金の泉が大きくなるスピードは早いので、トータルの湧き出るお金が増えるというわけです。

47

お金持ちが遊びでお金を使っても、お金が増え続ける理由

お金持ちと同じ状態を目指そう

遊んでいてもお金が増える理想状態

さらに目指したいのが、お金持ちと同じ状態になることです。

湧き出るお金だけで生活も遊びもしているのに、その間にもお金の泉が大きくなり続け、使えるお金が増え続けるという状態です。

この理想に近づくほど経済的自由度が高まるので、お金のことを気にせず日々の生活を楽しめるようになります。

第2章でもお話ししたように、**お金持ちはお金を扱うときに「日常脳」と「投資脳」のスイッチを切り替えています。**

「投資脳」の考え方で「右側の世界」のお金の泉をどこまでも大きくしていきます。

すると、お金の泉が大きくなるほど湧き出るお金は増えていきます。

この湧き出たお金は「日常脳」の考えで「左側の世界」で消費に使います。

お金の泉にお金を入れ続けよう

お金の泉が大きくなるほど、湧き出るお金は増える。

お金持ちはこのことを知っていて、重要なポイントが「お金の泉を大きくし続ける」ことだとわかっ

〈お金持ちであり続ける秘訣〉

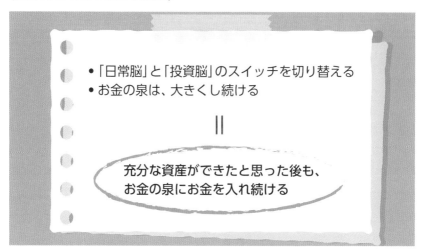

- 「日常脳」と「投資脳」のスイッチを切り替える
- お金の泉は、大きくし続ける

||

充分な資産ができたと思った後も、お金の泉にお金を入れ続ける

まとめ あなたもお金の泉で自由を手に入れよう！

ています。

実際には株価は上げ下げするので、お金の泉は大きくなったり小さくなったりします。

なのでこの**「お金の泉を大きくし続ける」とは、株価の動きに関係なく「お金の泉にお金を入れ続ける」ということ**になります。

こうすることで、お金の泉は大きくなり続け、お金を消費で使っているのに湧き出るお金が増えるというスパイラルが続くのです。

お金持ちが遊びでお金を使っているのに、さらに大金持ちになる理由がこのお金の泉の発想ということです。

ここを理解すると、お金の泉をどこまでも大きくしたいと思えてきますよね。

48

お金持ちと同じようにお金の泉から湧き出るお金を使う

不安のない人生を送るために

湧き水が大きくなったら……

お金の泉をどこまで大きくするかは人それぞれですが、ある程度湧き水が大きくなったら、ぜひ人生を楽しむために使ってください。

湧き出るお金のいいところは、**お金を使っているのに大元のお金の泉の資産は減らない**という点にあります。

どんなにお金があっても、そのお金が預貯金であれば、切り崩すたびに元本が減っていきます。

でも、お金の泉であればそんなことはありません。

お金を使ったとしても、資産を減らさずに済むのです。

元本が減らないという安心感

元本が減っていくというのは不安なものですが、お金の泉の場合、減っていくことがないので安心感が違います。

それどころか「減らないだけでなく、使えるお金が増えていく」という状態に持っていくこともできます。

ただしそれには1つポイントがあります。

くどいようですが、「お金の泉を大きくしていく」ということです。

これさえ守れば、お金の泉は大きくなり続け、湧き出るお金も増えていきます。

積立を続ければお金の泉は大きくなるので、積立を続けさえすれば湧き出たお金は使ってもいいんです。

もちろん、湧き出たお金は再投資するほうが複利効果でお金の泉は大きくなりやすいのですが、使ってしまっても積立を続けていればお金の泉は大きくなり続けるので、消費で使ってもいいんです。

理想のお金の泉に近づけるプラン2と、どちらを優先するか悩むところかもしれませんが、**お金の泉がある程度大きくなってくると「お金がなくなる心配をしなくていい」と実感できる**ことでしょう。

このような実感ができたら、湧き出たお金を人生を楽しむために使う選択をしてもいいタイミングかもしれません。

同じ額でも、心配なしに使いたい！

仮に湧き出たお金が50万円だとします。

50万円といえばちょっとした金額です。

それを**「ああ、これでまた貯金が減っちゃうな」と心配しながら使うのと、「湧き水だから大丈夫」と心配することなしに遊びに使うのでは、まったく気分が違います。**

湧き水のお金は「旅行費＋食事代」がプレゼントされたと思って、存分に楽しく使ってください。

分配金がある銘柄を多くして「配当重視型のポートフォリオ」にすると、毎年海外旅行というのも実現可能になります。

これは好みや性格にもよりますが、年齢が若いうちはリターン重視型で運用して、年齢に合わせてローリスク重視型や配当重視型に切り替えるのがおすすめです。

ちなみに、年齢とともに割合を増やすことを推奨している「現金・債券」の海外債券は、分配金が出ます。

49

日常脳のスイッチを入れたときは、人生を楽しもう！

人生を楽しむために湧き水を使おう

お金の泉を次世代に継承しよう

誰にでもいつか亡くなるときはやってきます。
そのとき、子どもに残すお金の泉は大きければ大きいほど、親が経済的な面で不自由なく人生を楽しめたことの証しになると私は考えています。
親を亡くした悲しみの中、「自分の親は幸せだった」という思いは、子どもの救いになるに違いありません。

お金の泉をつくると、結果としてそれを子どもが引き継ぐことになります。
親からの最後のプレゼントになるでしょう。

子どもには、お金の使い方をマスターしてもらうために、大学生もしくは社会人になるころから、子ども自身のお金の泉をつくり始めてもらいます。
お金の扱いが上手になっていけば、親から引き継いだ分も合わせてお金の泉をさらに大きくできますし、その次の代にも継承していけるでしょう。

子どもにとって何よりもいいのは、**経済的なことを考えずに済むので、自分がやりたいことを選択しやすい**という点にあります。

仮に親から引き継ぐお金の泉がなかったとしても、子ども自身がお金の泉のつくり方を理解しているというのは大変な強みです。

やりたいことを選択できる幸せ

生活のための仕事をするのではなく、自分がやりたいことを選択できるというのは、素晴らしいことです。

私個人の考えとしては、先ほど解説した通りお金の泉が1000万円を超えると増え方がスピードアップするので、意欲的に増やしてしまうのがいいと思います。

しかし、**熱中できることがすでにあるなら、必ずしもお金の泉の完成を待つ必要はありません。**

やりたいことに邁進し、積立だけをコツコツ続けていけばOKです。

なぜならば、**お金の泉のつくり方がわかっていれば、いつごろどれだけ大きなお金の泉が完成するか、未来像が描けるようになっている**からです。

完成の時期がきたら、大きくなったお金の泉から、湧き出るお金を使えるようになります。

もちろん大人についても同じことが言えます。

積立さえ続ければ大丈夫！

あなたのお金の泉は完成します。

お金の泉をつくって経済的不安をなくし、自分のやりたいことをやりましょう！

おわりに

投資をする人、全員に持っていてほしい「投資の航海図」

私が投資を始めた頃は、ネットも普及していないし、本も教えてくれる人もいなかったので「株を買ったはいいがこの後どうしたらいいのか？」が何もわかりませんでした。

日々取り組んだのは、方眼用紙に株価のグラフ（チャート）を一日に一日分だけを書き込み、過去の上げ相場に乗るにはどうしたらいいか仮説を立て、相場の向こう側にいる人たちを想像し、投資で成功している人がどんな投資をしてきたのか、投資家としてどうあるべきかなどを考え、投資の世界にあるいろいろな投資を試すことでした。

そして、長い期間をかけ整理したものが本書「投資の航海図」の内容です。

ですから、**この「投資の航海図」は、昔の私が「投資を始める前に知りたかった！**

知っていれば遠回りしないで済んだのに」という内容です。

また、娘に伝えるためにまとめたものでもあるので、投資される方、全員が知っておいたほうがいい内容です。

「興味はあるんだけど、よくわからないから投資をしていない」という人が知りたい内容でもあるので、そういう人が周りにいたらぜひこの本を勧めてください。

これであなたは投資家です！

「これであなたは投資家です！」と言われても、今はまだ初心者ですし、資産も小さく知識も経験もありませんから、

「私が投資家？」と思うかもしれませんが、お金の泉をつくりはじめたらもう投資家です。

ただ、ここからの行動が大切です。

あなたが成功しやすくなるために未来の話をしておきます。

時代は変わりました。１８０度、ガラリとです。

「お金の話は、はしたない」
「投資は危険、貯金をしなさい」
と昭和世代の人たちは言い聞かされてきましたが、この常識がまったく逆になりました。

子どもたちへの金融教育が２０２０年から段階的に始まり、子どもたちは小、中、高と学校でお金について学んでいます。

もう投資は必須科目です。

そして、大人に向けても変化が起こっています。
老後は年金だけでは生活ができないので、老後資金を自分で用意してもらうために国はＮＩＳＡ制度を設け、国民に投資をしてもらう、ということを始めました。
日本人は優秀なので普通にできると思いますが、取り組み方で未来が変わります。

今は投資初心者が多いので「ＮＩＳＡを私もやってみようかしら」という感じで、投資を始めることだけで頭がいっぱいだと思います。

そして、積立設定をしてそのままになってしまう人が多いように思います。

5年、10年も経つとどうでしょう。

この期間の投資への取り組み方で違いが生まれます。

積立をやめてしまった人、当初の積立を守った人、積立額を増やした人などの違いにより、資産の大きさに違いが出ているでしょうし、投資家としてのレベルにしても、初心者レベルのままの人もいれば、知識も経験も豊富になっている人など、ここにも違いが出てきます。

投資で成功している人たちの中には、5年前、10年前に投資を始めた人たちもいます。

「奥地」の投資で成功した人もいれば、「右側の世界」で、お金の泉で成功した人もいます。

どの人も今のあなたとそれほど変わらない人たちでしたが、未来を見据えて過ごしたことで経済的に豊かになっています。

日々で見ると少しのことでも5年、10年経つと大きな違いになります。

日本人がどうなるのか、もう少し先まで話をしましょう。

投資をすることが普通になった日本では、これから投資で成功する人がたくさん現れます。

そして、ほとんどの日本人の投資は5年、10年で終わらず「投資を生涯する」ことになります。

その人の投資への姿勢がどうであれ、ずっと投資をしていきます。


ずっとやるなら結果が良いほうがいいし、楽しめたほうがいいですから、未来を見据えて投資に取り組み、投資を楽しんだほうがいいと思います。


あなたは「投資の航海図」を持っているのですから、投資の世界のマップとコンパスを片手に、この世界をお試し感覚で経験してください。

右側の世界のコモディティも、奥地の投資にもチャレンジしてください。

投資の世界を楽しむほどお金の扱い方も上手になるので、上手になりたい投資を見つけたら掘り下げて勉強してみてください。


投資の世界では、行動することで大きな可能性が生まれます。

投資の世界を冒険した人の中には、66歳で初めてパソコンを買って、トレードで数億円をつくった87歳の人もいますし、お金の泉を持っているから日本に長期滞在している外国人もいます。

何を大事にするかはその投資家の自由なので、お金を増やすことを優先することも、好きなことを優先することもできるのが投資のいいところです。

投資は年齢も場所も関係ないので、これは誰にでも可能性があることです。

取り組み方しだいで未来が変わるので、あなたは投資の世界を冒険して楽しみ、お金の泉を大きくしながらやりたいことをしてください。

そして、お子さんにも教えてください。

あなたの成功を願っています。

最後に、本書を出すにあたって応援してくれた妻と娘、投資を始めるキッカケをつくってくれた両親、出版まで手伝ってくれたチアーズの柳田さんとスタッフのみなさん、すばる舎のみなさん、応援してくれたFX学校、WSCの生徒の人たち、学校の切り盛りをしてくれた北浦君、ありがとうございます!!

そして、投資を続け出版することができたのは、これまで私と関わりのあった人たちのおかげです。

みんなに感謝します。

2024年5月吉日

青木博史

図表の出所一覧
第１章
P17「(1) 預金保険制度の仕組み」(預金保険機構　https://www.dic.go.jp/yokinsha/page_000106.html)
P21「インフレって？　お金の価値が下がるとは？」(ON COMPASS | MAGAZINE　https://magazine.on-compass.com/post-1197/)
P25「就労条件総合調査」「退職給付(一時金・年金)の支給実態」(厚生労働省　https://www.mhlw.go.jp/toukei/list/11-23.html)
第３章
P73, 75「積立かんたんシミュレーション」(楽天証券　https://www.rakuten-sec.co.jp/web/fund/saving/simulation/)
第４章
P83「NYダウへのおすすめ投資方法」(マネックス証券　https://info.monex.co.jp/fund/guide/nydow.html?rwd=y)
P87「ドルコスト平均法とは？　積立投資のメリット・デメリットを分かりやすく解説」(COCO the Style https://cocozas.jp/coco-the-style/3406/)
P103「銘柄検索・取扱一覧 | 投資信託・外貨建MMF」(SBI証券　https://site0.sbisec.co.jp/marble/fund/powersearch/fundpsearch.do?Param7=other_4) 2024/4/25閲覧
P105, 107「NISAを知る」(金融庁　https://www.fsa.go.jp/policy/nisa2/know/)
P112～114「口座開設の流れ」(SBI証券　https://go.sbisec.co.jp/account/sogoflow_01.html?id=id01)
P115「インターネット上で口座開設の手続きを完結させる場合」(SBI証券　https://go.sbisec.co.jp/account/sogoflow_online_01.html?id=id01)

『投資の航海図』読者特典のご案内

3大無料特典プレゼント

特典1　著者・青木博史のインタビュー動画

本書の誕生秘話や本書で語りきれなかった「成果が出る活用法」などを一挙公開！
著者による生の話が聞けるチャンスです！

特典2　青木が実娘に宛てた手紙がベース「一生お金に困らない『お金の泉』のつくり方」

著者が娘に向けて書いた内容をベースに編集した「お金の泉」をつくるための7つのステップを、あなた宛の手紙という形でお送りします

特典3　延べ受講生300名以上！青木といっしょに「お金の泉」をつくる投資家育成コミュニティ「ウェルス・スプリング・クラブ」の最新情報をご案内

本書でも記載の、青木が主宰する「ウェルス・スプリング・クラブ（通称：WSC）」の最新情報や募集情報などについてお伝えいたします

WSC
Wealth Spring Club

ご希望の方は今すぐこちらのQRコードから
「WSC-書籍購入特典」の登録をお願いします
https://wealth-spring.club/link/book

LINE

※上記の特典は予告なく終了する可能性があります。ご了承くださいませ。
※本企画は青木博史が実施するものです。お問い合わせは上記公式LINEまでお願いいたします。

青木博史

あおき・ひろし

投資家・実業家。静岡県出身、芦屋在住。大学卒業後に流通業の会社員として働いていたが、30歳の時に独学でビジネスをスタートさせると、事業を成功へ導き、現在も続く複数のストック収入を形成する。投資はネット証券や便利なチャートがない時代からも独学で学び、手書きチャートで試行錯誤を重ね、オリジナルの理論と手法を確立。国内外にも不動産を複数所有するほか、投資家としても実績を上げ、芦屋でセミリタイア生活へ入る。妻の友人の主婦の方からの「投資について教えてほしい」という声に応えるかたちで、2012年より投資やお金に対する指導を始め、投資で稼げる人々と稼げない人々の一番の違いは「思考」にあることに気づく。以後、投資手法だけでなく、投資に対する向き合い方、考え方をメインに指導。初心者にもわかりやすい説明と、独自の理論による実績の高さが評判を呼び、これまで1000人以上に指導。主婦を中心に口コミで広がり、教えを乞う人が後を絶たない。2021年からは、高校生である自身の娘世代が、お金や将来に不安ではなく希望を感じてもらうために、独自の資産づくりの叡智を現役世代に伝える活動「ウェルス・スプリング・クラブ(WSC)」を開始している。

読者限定プレゼントおよび
著者・青木の最新情報は
こちらから

投資の航海図

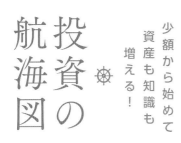

少額から始めて資産も知識も増える！

2024年5月27日　第1刷発行

著者　青木博史

発行者　徳留慶太郎

発行所　株式会社すばる舎
〒170-0013 東京都豊島区東池袋3-9-7 東池袋織本ビル
TEL 03-3981-8651(代表)　03-3981-0767(営業部)
FAX 03-3981-8638
https://www.subarusya.jp/

印刷所　株式会社シナノパブリッシングプレス

落丁・乱丁本はお取り替えいたします。

ISBN978-4-7991-1228-1